光と影

ハイデガーが君の生と死を照らす！

村瀬 亨
Murase Toru

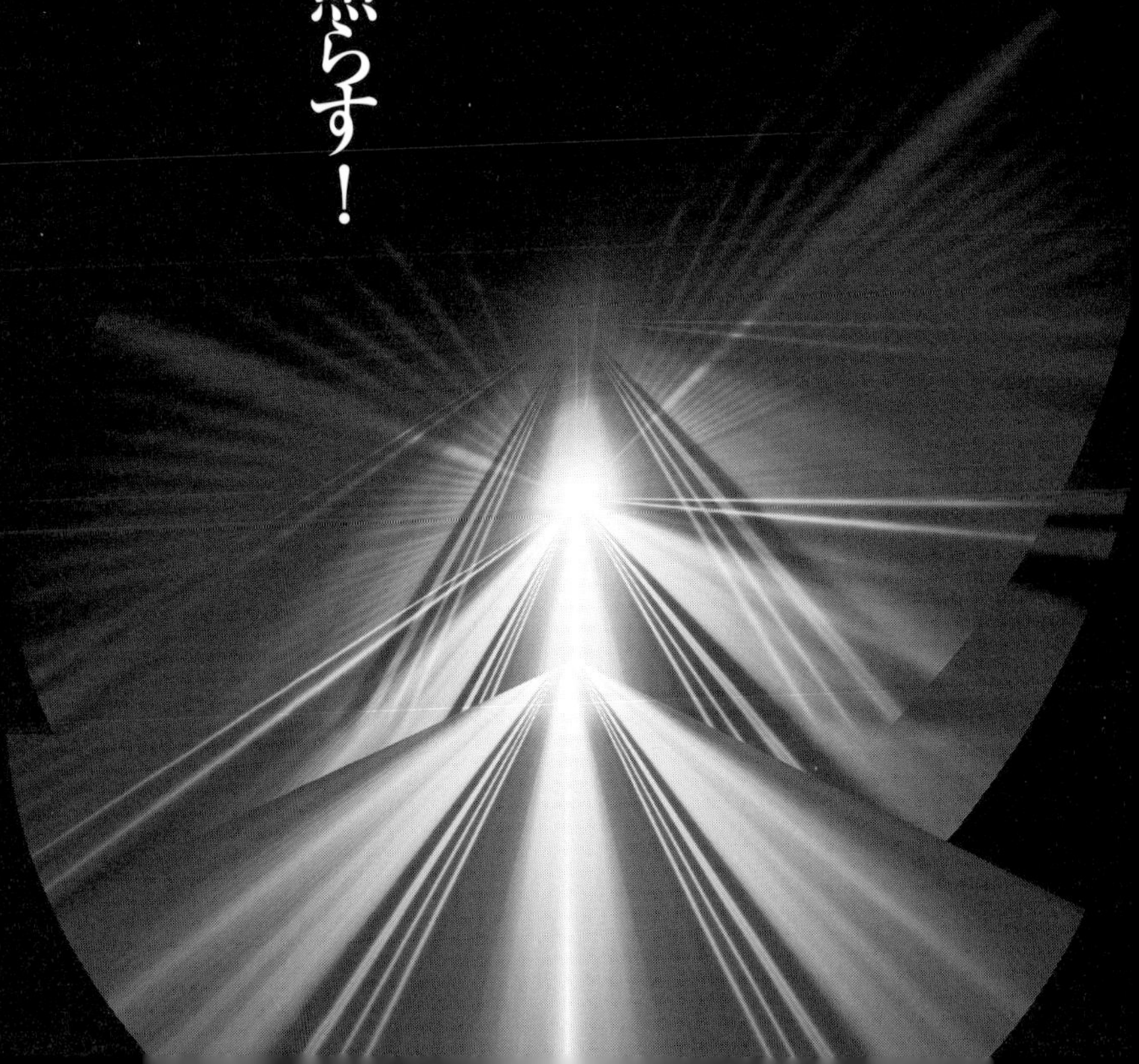

はじめに

生と死を考える

インドネシア・スラウェシ島のトラジャ族には「死ぬために生きる」という独特な死生観がある。葬式にお金をかければかけるほど、死後も幸せになれるという信仰から、莫大な費用をかけて葬式をしてもらう。そのためにその部族の人たちは一生懸命生きる。名士ともなれば葬式の資金集めが容易となるが、そうでなければなかなか資金は集まらず、何年も葬式が行われないのが習わしらしい。死に関する考え方は社会によって実に違うものだ。

『哲学的人間学』のなかで三木清は「一般に死の問題は人間学に於いて決定的に重要な意味を持っている」と指摘している。そしてまた、三木は、生きている間に考える死は「観念」であり、私たちは自分の死を経験することはできない、とも言っている。ギリシアの哲学者エピクロスも「我々が存する限り、死は現に存せず、死が現に存するときには、もはや我々は存しない」（『エピクロス　教説と手紙』出隆・岩崎允胤訳、岩波文庫）と語っている。そうなると、死の恐怖とは、知らないことへの恐怖であるということになる。そう考えると、死のことばかり考えるのではなく、死に背を向けるのでもなく、死と向き合い、「死の平和」を感じることで、人間は善く生きることができるのではないかという気持ちになるものだ。

　小学六年生の頃だっただろうか。筆者は「死」ということを初めて強く意識したことを覚えている。今でも時おりそのときのことを思い出す。死への恐れは夜の訪れとともにやって来て、朝の目覚めとともに去っていった。それは暫く続いたが、ある日のこと、ふとこう考えた。自分が死ぬということはこの世もおわることであり、すべてが消滅することなのだと――実際には自分の世界が終わるだけなのに。そんないわれのない勝手な僻見で、その悩みはいったん幕を閉じた。幕を閉じたかのように思われた。それでも、死ということは頭の奥深くにはあったと思う。その後の人生の中で時おり「死」のことが頭に浮かぶことはあったと思う。しかし、今となってはその時の詳細は思い出せない。結婚し、子供もできると、それが励みとなり、仕事に打ち込んだ。死への恐怖はいよいよ影を潜めた。というより考えようとしなかったのかもしれない。

　時がまた過ぎ、孫ができた。すると今度は、何故かこの孫の結婚式まで生きられるだろうかと思うようになり、死を意識するようになった。ただ今度は、これまでの死への恐怖とはちょっと違っていた。死への恐怖はあるものの、年齢のせいか、精神が老熟して、軽減されているような気がする。老衰であれ、病気であれ、事故であれ、身内の者や親しい者の死に接することにより、死への覚悟がある程度できているのかもしれない。三木清が『哲学的人間学』で言っているように「死は慰めとしてさえ感じられる」といった心境に少しでも近づいたのだろうか。

谷川俊太郎の『谷川俊太郎質問箱』の質問59「死に恐怖を感じる」に対して、「カラダは死によって消滅するけど、タマシイは残るんじゃないかって思っていて、喜びもあるけど、苦しみの多い生から離脱できるのがちょっと楽しみな気もしているんです。死を恐れるのは自分中心の『自我』、でも宇宙に属する『自己』は死も生も切り離せない一部だと知っていると思う。狭苦しい自我から、ひろびろした自己へ出ていくのは、簡単なことではないと思いますが」と答えている。今はそうした考え方も受け入れられるようになっている。

死の形はどうあれ必ず訪れる

若いうちは、列車や飛行機事故や新型コロナによる死亡記事を読んでも、しょせん他人事であり、自分とは関係のないことで、自分には訪れないことだと片付けてしまう。いちいち気にして悩んでいても、それこそ生きていけないと思っているのかもしれない。ただこれだけは言える。そうした事故・災厄に遭った人たちもきっと自分には起きないことだと思っていたに違いない。死ぬことを覚悟して乗ったわけではないだろう。まさか自分が死ぬとは思わなかっただろう。そう考えると、死が迫っていたとき、その人はどう思っただろうか、そしてその時の死とはどんなものなのか、また、病気で余命幾許《いくばく》もないと告げられ、それなりの覚悟をして死んでいくときの死とはどういうものなのか、などという疑問が湧いてくる。どんな死であれ、死ぬということはどういうことなのかということを知りたいと思う。だが、どんなに考えても答えは出てきそうにない。たぶん、それは実際に自分がそうなってみないとわからないというようなものだろう。スピノザはこう言っている。「真の観念とは、教え教えられたりするようなものではない。真の観念を獲得していない人には、真の観念がどのようなものであるのかはわからない」（『エチカ』畠中尚志訳、岩波文庫）と。死は生きている者にとっては確かに観念的なものであり、確かめようのないものであるが、死は誰にでもいずれは訪れる、避けられないものであることは間違いない。しかし、その現れ方はそれぞれである。静かに穏やかに人生を全うして死んでいく人もいれば、悲しい悲惨な死に方をする人もいて人それぞれである。

『君の膵臓をたべたい』（住野よる、双葉社）という、ぞっとするタイトルの小説があるが、その主人公の山内桜良の死は実にむなしいものである。桜良は、膵臓の病気で余命幾許もなく、残された時間を精一杯生きようとしていた。その矢先、どういうわけかよりにもよって通り魔に刺殺されてしまう。あまりにもあっけない死であった。読んでいてあまりにもショックで立ち直れないような気持ちになり、万葉集・大友旅人の「世の中は　空しきものと　知る時し　いよよますます　悲しかりけり」という歌をつい思い出した。

また、カミュによれば、死とは、人間の不条理と世界の不条理がもたらすものである。著書『ペスト』（宮崎嶺雄訳、新潮文庫）の中の、ペストに罹って無垢な子どもが死んでいく描写は胸が痛む。「突然、少年は足を折り曲げ、両腿を下腹近くまで引き寄せ、動かなくなった。そして初めて目を開き、目の前のリウー（この小説の主人公で医者）を見つめた。いまや灰色の粘土のなかで凝固したような、落ち込んだ顔の真ん中で、口が開き、ほとんど間髪を入れず、悲鳴が迸り、途切れることなく長く続いた。その悲鳴は呼吸で弱まることもほとんどなく、いきなり単調で耳障りな抗議で部屋をいっぱいに満たした。

すべての人間から同時に放たれたかと思うほど人間離れした叫びだった」（筆者一部改）とあり、こう続いている。「そのときリウーは、少年の悲鳴が弱まり、さらに弱くなって、たったいま途絶えたことに気がついた。…中略…少年は口を開けたまま、しかし、声はなく、乱れた布団の窪みに横たわり、急に縮んでしまったようで、顔に涙の跡を残していた」（筆者一部改）。凄まじい死の描写である。

あるいはまた、三木清は近親の死に会って、死は観念であるとしながらも、「どんなに苦しんでいても死の瞬間には平和が来ることを目撃した」（『人生論ノート』角川ソフィア文庫）と記している。

要するに、死は人を選ばないし、その最期も選ばない、世の中には桜良のような死もあれば、『ペスト』の中の少年のような死もあるし、最期は穏やかな死となることもある、ということだろう。

いずれにしても、死は、死を意識し有限の時間の中で精一杯生きていこうとしている者にも、死を意識せず毎日を頽落して過ごす者にも、そのどちらでもない者にも、確実に訪れるのである。

人間の誕生は偶然であり必然ではない

人間がこの世に生まれてくるのは、その人間の意志には関係なく、この世に投げ出されてしまったということである。ハイデガー流に言えば、世界・内・存在として、世界のうちに投げ出されたその時には既に、一定の環境に囲まれ、その環境の刻印を押されているということになる。親の都合でそうなったわけであり、何も望んで生まれてきたのではない。祝福されていようがいまいが、どんな環境であれ、どんな世界であっても、その与えられた世界を徐々に認識し、それを受け入れ、その中で懸命に生きていかなければならないのである。

そう考えながらふと思い浮かぶのは、何といっても芥川龍之介の小説『河童』（新潮文庫）である。『河童』は当然架空の河童の世界を描いたものだが、芥川はその世界を描くことで世の中を揶揄している。普通世間では、親の都合で子供を生んだり堕ろしたり虐待したりしているが、生まれてくる子供にしてみれば、この世の中に生まれ出てしまったわけで、その生まれ出た環境の中で生きていかなければならない。

芥川の後半の作品を見る限り、芥川自身自分の死が迫りくる中で、自分の生まれ持った環境と自分の運命なるものを思い巡らしたに違いない。そしてまさか自分が病弱な身体で生まれてくるとは思わなかっただろうし、自殺する結末など思い描くこともなかったであろう。

『河童』は、こんな世界があったらどうだろう、そんな世界などあるわけがないだろうと思い巡らしながら描かれている。そしてまた、ユートピアとディストピアは表裏一体であることも示唆している。

その小説『河童』だが、主人公が河童の世界に入り込んでしまって、人間世界とは違った、様々な経験をする物語である。中でも最も興味深いところは、河童のお産である。その部分をまとめると次のようになる。

河童の世界では、河童が生まれてくる前に、父親が「母親の生殖器に口をつけ、『お前はこの世に生まれて来るかどうか、よく考えた上で返事をしろ』と大きな声で何度も繰り返して尋ねる。「すると細君の腹の中の子は多少気兼ねでもしていると見え、『僕は生まれたくはありません。第一僕のお父さんの遺伝は精神病だけでも大へんです。その上僕は河童的存在を悪いと信じていますから』と小声で返事をする。すると「そこに居合わせた産婆は忽《たちま》ち細君の生殖器へ太い硝子の管を突きこみ、何か液体を注射」する。「すると細君はほっとしたように太い息を洩《も》らし、同時にまた今まで大きかった腹は水素瓦斯を抜いた風船のようにへたへたと縮んでしまった」（筆者一部改）となる。

また、芥川が死ぬ間際に書いた『或阿呆の一生』（新潮文庫）という小説の中では、芥川は、自分の子供が生まれるというのに、こう自問する。「何の為にこいつも生まれてきたのだろう？　この娑婆苦の充ち満ちた世界へ。――何の為に又こいつも己のようなものを父にする運命を荷ったのだろう？」と。

いずれの作品にしても、自分が望んでもいない世界・内・存在として世界のうちに投げ出されてしまう被投性と、その中にあって本来的実存ではなく非本来的実存へ向かう不安とについて語っていると考えられる。

和歌にもハイデガーの時間性が見て取れる

百人一首の中の藤原清輔朝臣《ふじわらのきよすけあそん》の歌にはこうある。

「長らへば　またこのごろや　しのばれむ　憂しと見し世ぞ　今は恋しき」

この歌の意味は、「これから先、いきながらえたのならば、今のつらさが懐かしく思い出されるだろうか。この世をつらいと思った昔が今は恋しく感じられるのだから」（板野博行『眠れないほどおもしろい百人一首』三笠書房）である。もっと言えば、〈長く生きていれば、いろいろ苦しいことがあるけれど、懐かしく思い出せる日がくるはずだ、あんなに辛かった昔も、今ではこんなに愛おしいと思えるのだから〉ということになる。この歌には、現在の視点から過去の自分を振り返るだけでなく、未来の視点からも現在の自分を見ているところがある。過去・現在・将来という時間性の中で、自由に視点を移動しながら、最終的には将来から今の自分を励まそうとしている点で、ハイデガーが言うような、将来の優位性も見て取れる。

このように見てくると、ハイデガーの言う時間性の説明は、その独特な表現の仕方から、確かに極めて難しいけれども、描かれていることは、私たちが日常意識せず経験していることである。その意識していない、言葉で表し難いあり方、すなわち存在様態を、ハイデガーが詳細に説明してくれたことで、私たちは、その時間性を強く意識し、自分のことを深く沈思黙考するし、沈思黙考するきっかけができると言えるのではないだろうか。

光と影　ハイデガーが君の生と死を照らす！

目次

凡　例

比較的読みやすいところは ☆印
難しいが頑張れば読めるところは ✪印
難解だからスキップしてもよいところは ★印

説明部分や引用の部分でわかりづらいところはなるべく具体例を出したり言い換えたりしています。それでも理解しづらいところがあることは否めません。そういった箇所は黒い星印★がつけてあり、難しいが頑張れば読めるところには✪の印をつけています。★✪印の個所を飛ばして読んでも『存在と時間』の内容はつかめます。また、章ごとに順番に読まなくとも、興味あるところだけをピックアップして読んでも教養が身につくようにしています。目次内の作品名は一部を除き初出時のみ記載しています。

はじめに ……… 1

☆生と死を考える　1
三木清『哲学的人間学』／エピクロス『教説と手紙』／『谷川俊太郎質問箱』
☆死の形はどうあれ必ず訪れる　3
スピノザ『エチカ』／住野よる『君の膵臓をたべたい』／大伴旅人／カミュ『ペスト』／
三木清『人生論ノート』
☆人間の誕生は偶然であり必然ではない　5
芥川龍之介『河童』『或阿呆の一生』
☆和歌にもハイデガーの時間性が見て取れる　7
藤原清輔朝臣《ふじわらのきよすけあそん》／板野博行『眠れないほどおもしろい百人一首』

第一章　『存在と時間』序論 ……… 25

☆存在の意味　25
「ある」とはどういうことなのか／「ある」とは「目の前にあること」だけなのか
☆現存在の「世界―内―存在」　27
岡倉天心『茶の本』
☆世界の世界性　29
☆「現存在」の本質は「実存」のうちにある　31

第二章　現存在の開示性

☆「情態（Befindlichkeit）」　33
☆被投性（「現」へと投げられている）　34
☆従来の西洋哲学における「感情」　35
フッサール『現象学の理念』
☆ハイデガーの「感情」の位置づけ　36
アウグスティヌス『神の国』／パスカル『パンセ』／キェルケゴール『不安の概念』
☆情態の一様態としての恐れ　36
アリストテレス『弁論術』
☆現存在の不安という根本的情態性　38
アウグスティヌス『詩編注解』／『創世記』／『ルター著作集』／ヤスパース『哲学入門』／夏目漱石『三四郎』『道草』／『旧約聖書』
✪「頽落」を手掛かりとしての不安の分析　41
★現存在の存在としての「気遣い（Sorge）」とは何か　44
レヴィナス『実存から実存者へ』／ジェフリー・M・シュウォーツ、シャロン・ベグレイ『心が脳を変える』
✪「気遣い（Sorge）」という概念の由来　46
ブルダッハ『ファウストと気遣い』／ゲーテ『ファウスト』

☆理解としての現存在　49
アリストテレス『ニコマコス倫理学』
☆「〜のもとでの存在（sein-bei）」　51
☆理解していること（Verstehen）とは何かをなしうること　52
☆理解としての「投企」あるいは「企投」　53
カント『純粋理性批判』
✪被投的投企（投企）　54
サルトル『実存主義とは何か』／アリストテレス『形而上学』
☆「語り」と「言語」　56
☆共同相互存在としての「語り」　57

第三章　本来性と非本来性……59

『ローマ書簡』／『第一コリント』／アウグスティヌス『告白』
☆非本来性としての「頽落」―日常的な様態としての「ひと」―　61
ヘーゲル『精神現象学』
☆「ひと」の開示性のあり方　66
☆空談（おしゃべり）　67
夏目漱石『吾輩は猫である』

☆好奇心　69
パスカル『パンセ』／セネカ『生の短さについて』
☆曖昧性　71
☆頽落の特徴　72
☆頽落の動性　73
☆頽落の旋回運動　75
☆ニーチェの永遠回帰　76
ニーチェ『ツァラトストラかく語りき』『悦ばしき知識』／ジンメル『社会学の根本問題
個人と社会』／ドストエフスキー『カラマーゾフの兄弟』

第四章　現存在の存在と死

……80
☆頽落の宗教的背景　80
『歎異抄』／『般若心経』／『維摩経』
☆現存在の全体性と「死」　83
小松左京『拝啓イワン・エフレーモフ様』
☆ハイデガーの「死」の定義　84
☆現存在の「全体性」　85
ニーチェ『ツァラトストラかく語りき』／トーマス・マン『魔の山』

☆現存在の死　87
黒澤明監督映画『生きる』
☆さし迫る死　89
☆他者の死　90
『ヨハネによる福音書』／永六輔

第五章　『存在と時間』の宗教的背景……93

☆アリストテレスの「ヘクシス」（状態）　93
☆クロノスとカイロス（瞬間）　94
クロノス／カイロス／『マルコ福音書』／ソフォクレス『オイディプス王』
★キェルケゴールの時間と永遠―瞬間　96
★通俗的瞬間とキェルケゴールの瞬間　99
★ギリシアやユダヤにおける時間と永遠の関わり　100
プラトン『メノン』『パイドン』『パイドロス』
★キリスト教における時間と永遠の関わり　102
キェルケゴール『哲学的断片』／『マタイ伝』
★キェルケゴールの反復　104
アリストテレス『自然学』

✪ハイデガーの瞬視と反復　108

第六章　様々な時間の捉え方……110

☆時間論序言　110
アレックシス・カレル『人間・この未知なるもの』／夏目漱石『夢十夜』／大江健三郎『燃えあがる緑の木』／ドストエフスキー『罪と罰』／『ビアス短編集』／邯鄲の夢
★アリストテレスの時間論　114
鈴木大拙『日本的霊性』
★カントとヘーゲルの時間論　116
カントの時間論／ヘーゲルの時間論
★ベルクソンの時間論　121
ベルクソン『時間と自由』／二つの持続／二つの自我
★ベルクソンの自由論　124
✪ハイデガーの本来性　126

第七章　死の思想史……128

☆西洋と東洋の死生観　128
☆西洋の死生観　129

☆ギリシア哲学者の死生観　129
エピクロス『説教と手紙』／ソクラテス／プラトン『パイドン』／アリストテレス『魂について』／ベルクソン『精神のエネルギー』／セネカ『生の短さについて』／マルクス・アウレリウス『自省録』
☆反ハイデガー的な思想家たちの死生観　133
モンテーニュ『エセー』／ゲーテ『わが生涯より』／サルトル『存在と無』／レヴィナス『時間と他者』／『村上春樹雑文集』／ニーチェ『権力への意志』
☆ハイデガーの「死生観」に大きな影響と方向性を与えた思想家　139
アウグスティヌス／カント『実践理性批判』／ヘーゲル／キェルケゴール『死に至る病』／
★ヤスパース『哲学』
☆東洋の死生観　146
孔子（『論語』）と老子（『老子』）／荘子『大宗師篇』／道元『正法眼蔵』／柳田国男『先祖の話』

第八章　「死」との本来的な関わり方　…………　155
☆死の可能性への先駆　156
『法華経』
☆死への先駆と決意　158

『ソクラテスの弁明』
☆「先駆」はどのようになされるのか　160
☆フロイトのEs　161
フロイト『自我とエス』
☆ハイデガーのEs　162
サイモンとガーファンクル『Sound of Silence』／神谷美智子『生きがいについて』
☆スピノザとの類似点　164

第九章　カントとハイデガーの良心 ……………… 166

☆公共性の捉え方　166
カント『道徳形而上学原論』／シュピリ『アルプスの山の少女　ハイジ』
★時間概念を通しての良心論　168
☆呼ぶ者と呼ばれる者の様態　170
★「負い目」の概念と解釈　170
ニーチェ『道徳の系譜学』／芥川龍之介『鼻』
✪「負い目あり」の根拠＝虚無性（Nichtigkeit）　173
☆ユング心理学の視点から見た負い目ある存在とは　175
西田幾多郎『善の研究』

☆決意性（Entschlossenheit） 176
☆良心をもとうとする意志＝決意性の構造 177
★決意性＝実存の真理 178
『詩編』／『ルターと詩編』
☆事物や他者との真の関わり 180
☆事物との真の関わり 180
☆事物との真の関わり――アリストテレスの場合の例 181
アリストテレス『政治学』
☆事物との真の関わり――読書の例 182
夏目漱石『坊っちゃん』
☆他者との関わり 183
☆決意性における状況 185

第十章　「無」について ………… 187

★★「存在と無の共属性」について 187
ハイデガー『形而上学とは何か』『形而上学入門』
☆仏教的な「空」の把握とハイデガーの「無」の概念 190
河合隼雄『ユング心理学と仏教』／十牛図

★パルメニデスとヘラクレイトス 193
パルメニデス／廣川洋一『ソクラテス以前の哲学者』／ヘラクレイトス

第十一章　時間性と歴史性について……198

✪本来的歴史性と非本来的歴史性 199
✪本来的歴史性 199
✪非本来的歴史性 202

第十二章　現存在の歴史性にもとづく歴史学……204

✪ニーチェの歴史観 205
ニーチェ『反時代的考察』
✪歴史的人間と超歴史的人間の狭間にあって 207
✪歴史学についての三つの種類 208
✪記念碑的あり方としての歴史 209
✪骨董的あり方としての歴史 210
✪批判的あり方としての歴史 212
✪本来的な歴史学 213
熊野純彦編著『日本哲学小史』

第十三章　時間性の様態としての現存在 ……… 216
柳宗悦『茶道論集』
☆将来・既在・現在　217
☆将来　217
佐治晴夫『14歳のための時間論』／オルテガ『大衆の反逆』／『ヴァレリー詩集』
☆未来に希望をもつことの重要性　221
ヴィクトール・フランクル『夜と霧』
☆既在　223
森哲郎『シェリングにおける〈宗教と哲学〉』
☆アドラーとガダマー　227
アドラー『人生の意味の心理学』／ガダマー『真理と方法』／セネカ『生の短さについて』／
吉田兼好『徒然草』
☆現在　229
ハイデガー『シェリング講義』
☆脱自態　232
シェリング『哲学的経験論の叙述』／『エックハルト説教集』
☆時間性の脱自的あり方をテーマとした映画　236
『君の名は。』／『未来のミライ』／『orange- オレンジ』／『時をかける少女』／『バック・

トゥ・ザ・フューチャー』
おわりに……239
『小松左京自伝』／映画『男はつらいよ』
解説　町田　健　243

光と影　ハイデガーが君の生と死を照らす！

死ハ歴史デアリ、高貴デアリ、敬虔デ、永遠デ、神聖デ、ボクタチガ帽子ヲ脱イデ爪立チシテ歩カズニハイラレナイモノナンダカラ

時間とは何か。これは一個の謎である——実体がなく、しかも全能である。現象世界の一条件であり、ひとつの運動であって、空間内の物体の存在とその運動に結びつけられ、混ざり合わされている。

トーマス・マン『魔の山』（高橋義孝訳・新潮文庫）

第一章『存在と時間』序論

存在の意味

「ある」とはどういうことなのか

ハイデガーは「ある」ということで何を捉えようとしているのか。例えば、「ネコが存在する」ということを考える。その際、私達は具体的に、ネコだけでなく、ネコが寝ている、歩いている、ないている、えさを食べているといった姿を思い浮かべる。この「寝ている」「歩いている」「ないている」「えさを食べている」というように、ネコがそのつどどのようなあり方をしているか、つまり、どんな状況でどのような姿勢・行動をしているのかを思い浮かべる。例えば、晴れた日に屋根の上で寝ているとか、歩いているとか、あるいは庭で、または公園で雨の日にないているとか、部屋の中で飼い主といてエサを食べているというところを思い浮かべる。その思い浮かべたあり方が、ネコの「存在（Sein）」である。そして、そのような仕方で「存在しているもの」「あるもの」――この場合「ネコ」が、ハイデガーの言う「存在者（Seiendes）」ということである。

ハイデガーによれば、この「存在」と「存在者」の区別は、「もの」と「そのものが担っているあり方」、つまり、「もの」と「ものの存在様式」の区別である。「ネコが寝ている」という例で言えば、ネコが「存在者」（存在するもの）であり、「寝ている」がそのネコの「存在」を示しているということである。

私達がネコを思い浮かべるとき、「寝ている」「歩いている」「ないている」「えさを食べている」などというように、必ず何らかの存在様態とともに思い浮かべることになる。つまり、どのように存在しているか、その姿を行動・背景・状況と共に頭の中に思い描くのである。ネコという存在者をみるとき、ネコが寝ていたり、歩いていたりというようにその存在者の存在様態を必ずいっしょに捉えている。もっと言えば、私たちが存在者とかかわるとき、その存在者をつねに何らかのあり方において捉えており、そのような捉え方によって、私たちはその存在者の存在を了解しているのである。

私達は、ネコが寝ているのをみるとき、それと関連した他のあり方もいっしょに理解している。例えば、「寝ている」ということは、家の中で寝ているとか、芝生の上で寝ているとか、屋根の上で寝ているというように、他の存在者の中で起こっている。つまり、寝ていることを含むネコの様々な振る舞いは、そうした他の存在者との関係において理解されている。言い換えれば、存在者が何らかのあり方で「あること」ということは、独立した現象としてあるのではなく、他の存在者と必然的に関連づけられているということである。

「ある」とは「目の前にあること」だけなのか

ハイデガーはこれまでの西洋存在論が「存在」を、何かが現に目の前にあること、つまり、「今」という時間的な規定のある「現前性」として捉えてきたと指摘する。

そして、こうした「現前性」としての存在了解とは違った、より根源的な存在了解の可能性があることを示唆している。先ほどのネコの例でいうならば、私達がネコを見るとき、ネコが現前していることだけでなく、これまでもそうあった姿とか、これからもそうでありうる姿も一緒に捉えている。すなわち、私達がネコの「寝ていること」を了解するときには、その了解は「現在」だけではなく、「過去」や「将来」にも関わっており、そうしたことを含めて、ネコが「寝ている」ということを理解しているのである。つまり、存在の意味は存在者が現前することだけでなく、「過去」と「将来」も含んでいるということになる。したがって、ハイデガーの「ある」ということは、何らかの「背景性」「前後関係性」をもっており、その「背景性」「前後関係性」を把握してはじめて理解可能となると言えるだろう。

現存在の「世界―内―存在」

ハイデガーは、現存在の基本構造として、現存在を「世界―内―存在（In-der-Welt-sein）」と規定する。彼は何度も繰り返し「世界内存在」を次のように表現している。「世界内存在とは、関わること（気遣い）によって同時に世界と自分が生まれるということである」「無のような何もないところに人間（自分）を置くと、それと同時に箱あるいは枠組み、つまり、世界も生まれるという（感じ）」。「それぞれの生きている世界は、その人が生み出したものと見ることができる。そういう世界のあり方を世界内存在（と言う）」とか「現存在が世界内存在であるということは、『世界内部的に出会われる存在者と、配慮的に気遣い、親しみながら交渉している』ことにほかならない」（『存在と時間』熊野純彦訳、岩波文庫、筆者一部改）とも表現している。

普通、世界の内に存在するといえば、例えば家にいるのであれば、自分がいて絨毯が敷いてあってその周りには机とか本棚とかテレビとかがあるという感じを抱く。屋外であれば、自分の立っている下には地面があって空があって、その周りに建物が見えるといった感じである。しかし、ハイデガーは、「世界は人間（私）の構成成分の一つであり、私の身体は、自分の目の前の机も家も周りの景色も、全てひっくるめたものが私である。それぞれの生きている世界はその人が生み出したものと見ることができる。そういう世界のあり方を世界内存在である」（同書）と言う。つまり、何もないところに人間（自分）を置くと、それと同時に世界が生まれると捉え、そこで自分は自分の周りにある何かと必ず関わることになる。これが世界内存在ということだ。

このような考え方は日本にも見られる。岡倉天心は『茶の本』（大久保喬樹訳、角川ソフィア文庫）の中で、道教の考え方が「私たちアジア人の運動についての理論、たとえば、剣道や格闘技の理論にまで大きな影響を及ぼしてきた」と述べ、その考え方を次のようにまとめている。少し長いが紹介しておこう。「人生というのは、誰もが調和を心掛けるならずっと面白いものになると道教徒は主張する。物事のバランスを保ち、自分の位置は確保しながら他人にも譲るというのがこの世のドラマを成功させる秘訣なのだ。自分の役割を的確に演じるためにはドラマの全体を知っていなければならない。個人ということを考える時には、この全体のことを決して見失わないようにしなければいけないのだ。このことを老子は有名な『虚』のたとえを用いて説いている。老子によれば、真に本質的なものは虚のうちにしかないというのである。たとえば、部屋というものの実質は、屋根や壁それ自体にではなく、屋根や壁に囲まれたからっぽの空間にある。また、水差しが役に立つのは、その形や材料によるのではなく、水を容れるからっぽの空間によるのである。虚はすべてを容れるが故に万能であり、虚においてのみ運動が可能になるのだ。自分をからっぽにして自由に他人が出入りできるようにすることをこころえた者は、どんな状況でも自由にコントロールすることができるようになるだろう。全体こそは常に部分を支配するものだ」。

ハイデガーの『存在と時間』の出版より随分前に、岡倉天心が『茶の本』を“*The Book of Tea*”として英訳出版したとき、その中で「処世」を“Being In The World”と英訳しているのは実に興味深い。

世界の世界性

ハイデガーは世界の存在者の現れ方を分析し、その現れ方の性質が「〜のために」という適合性（Mäßigkeit）、指示性（Bedeutsamkeit）であると考える。例えば、今目の前に「消しゴム」があるとしよう。もし何か書き物をしていて間違えたら、それはその間違ったところを消すためのものであり、その消しゴムが弾むのが面白いということであれば、転がして遊んだり、もし頭に来る奴がいたら、そいつにぶつけたりする「ための」道具となりうる。つまり、世界内の存在者は現存在の「気遣い」あるいは「関心」に応じて、「～のために」という道具性を現すのである。その意味で世界の存在者は「道具的存在者」と呼ぶことができる。

このような「～のために」という道具的存在者は、普段、表だって意識されることはないが、道具が破損して使えない場合や、必要なのにどこにも見当たらないということになると意識されるものである。間違って書いてしまったところを消したいのに、消しゴムがないときに、消しゴムは消すために必要な道具として意識される。また、暴風雨に備えて、屋根を補強したいのに、ハンマーの柄が抜けていて使えないときに、ハンマーは釘を打つ「ための」道具として強く意識されることになる。消しゴムがあれば、ほとんど何も考えずに当たり前のように消しゴムで消すだろうし、ハンマーが壊れていなければ、ほとんど何も考えずハンマーで釘を打っているだろう。そのとき、道具的存在者の「～のために」という適合性はほとんど意識されないのである。

この道具的存在者はまた、次々と別の物事を指示してもいる。つまり、それらがある連関性(Beziehung)をもって繫がっているということである。その指示連関(Verweisungsbezug)も普段は意識されていない。妨げられるときに限って意識されることになる。例えば、ハンマーは杭を打つとか、釘を打つというしかるべき用途で使われてこそ、適切な道具、いわゆる「適所を得た道具」といえるのである。つまり、ハンマーは杭を打つとか、釘を打つことで適所性(Bewandtnis)が得られ、杭や釘を打って家を補強したり修理することで適所性が得られ、暴風雨などに備えることができるということで適所性が得られる。さらに、このことは、結局のところ、現存在がそこに住む「ために」という目的に繫がっている。要するに、「ハンマー ↓ 杭や釘などを打つこと ↓ 固定して(補強したり修理したりすること）↓暴風雨などに備えること↓現存在が住むこと」というように、適所性の全体に基づいて指示関連のあり方が描ける。

この適所全体性は個々の道具にすでに先立って存在している。その適所全体の、関連し合う連関（Bezugszusammenhang）を辿っていくと、「なんのためか」という最終目的にたどり着くことになる。ハンマーの場合、「現存在が住むために」という目的に繋がっており、「〜のために」の最終目的は現存在の可能性そのものである。言い換えれば、あらゆる道具的存在者は「現存在のために」という可能性を表している。そしてこのような全体性が「世界」であり、その「世界」は指示連関の最終目的として現存在に存在の可能性（Seinkonnen）を与えている。したがって、世界の世界性（Weltlichkeit der Welt）とは、現存在が「〜するために」の有意義性（Bedeutsamkeit）だと言える。

「現存在」の本質は「実存」のうちにある

ハイデガーが「人間」と呼ばれる存在者に「人間」という言葉を使わず、「現存在」という言葉を用いるのには理由がある。ドイツ語の„Dasein"「ダーザイン」には、「現にある」あるいは「生存する」という意味がある。この„dasein"の„da"は「そこ」を意味し、『存在と時間』の中では「現」という言葉に置き換えられている。この「現」は、各自にとって開かれた状況、つまり各自の固有の状況という意味での「そこ」を指している。そして、現存在という用語には、我々各自が固有の状況の中に置かれ、その中で対処を迫られているという意味が込められている。つまり、現存在は、その都度いかに存在するかを選択することによってそれ自身のあり方が規定されるという特徴をもっている。現存在の本質は事物の本質を規定するように、客観的な対象物として捉えるわけにはいかない。もちろん、そのような捉え方をしようと思えばできないこともない。例えば、「二足歩行の動物」と定義することはできる。この場合、私も他者も皆「人間」として同じ本質をもち、何の違いもないことになってしまう。しかし、人間の存在という場合には、各自それぞれが違う存在だということ、すなわち、それぞれの個別性が最も重要なことである。人間にとって他者と違うことはその存在の核心をなしている。そしてこの個別性は「各自がいかに生きるか」という生き方の選択に基づいている。ハイデガーはこのことを「現存在」の本質は「実存」のうちにあると述べ、こう記述する。「現存在（人間）は普段、誰でもない誰か（ひと）として何の疑問もなく生活（頽落）しているけれども、いったん自分の死への不安にかられ、その死を自らのことであると先駆けて決意することによって自己は本当の自己（実存）になる」と。

第二章　現存在の開示性

現存在の「現」とは己自身と存在者の存在が共に開示されている場であり、己自身と存在者の存在が明らかとなっているということである。その意味でハイデガーは「現」のことを「開示性（Ershlossenheit）」と呼んでもいる。彼によれば、この開示性は現存在が「開かれてわかっていること」であると述べている。現存在が開示性であるということは、己自身と、己以外の存在者の存在が開示される場であるということになる。このような開示性の構造を、彼は「情態」「理解」「語り」を通して分析していく。

「情態（Befindlichkeit）」

ハイデガーは、「現」とは情態であり、了解であるとしている。つまり、「現」は必ず情態と了解という二面性があるというのである。情態の方は一般に気分や感情と言われる現象のことであり、西洋哲学では、従来、理論的認識より劣るものと見なされてきた。それに対して、彼はキリスト教教義学の伝統を背景に、ある特定の感情においてこそ、己と世界についての真の知が成立していると強調する。彼は言う。現存在がある存在者のもとで存在し、その存在者に開かれているということは、つまり、「〜のもとでの存在」は、その都度常にある特定の気分（Stimmung）や調子を伴って現れているということである。別の視点から言えば、現存在に現れる存在者は、常に現存在者の何らかの気分のうちで現れているということである。存在者は例えば喜び、悲しみ、退屈、怒り、恐れなどといった気分のうちで現れるということである。このように現存在が世界との交渉において絶えず何らかの仕方で気分づけられていることをハイデガーは「情態（Befindlichkeit）」と名付けている。

被投性（「現」へと投げられている）

高揚していたり、不機嫌だったり、意気消沈していたり、気分において開示される自己の存在は、自分の意志によって引き起こされるものではない。現存在は、気分のうちで自分がすでにある固有の状況の中に置かれ、己の意のままにならない事態として見いだすにすぎない。ハイデガーは、この事態を己の「現」へと投げ入れられていると描出し、現存在の「己の現への被投性（Geworfenheit）」と呼んでいる。そして、このように「現」に投げ込まれているにもかかわらず、現存在はその事実を直視せず、それに背を向けている、と主張する。この「背を向けている」ということは、現存在がそれなりにある固有の情態として存立しているということではあるが、逃避の可能性が語られていることにもなる。その可能性が語られるということは、己の被投性から逃避せず、それを請け合うという可能性もあるということにもなる。

つまり、ここでハイデガーは、現存在には、本来性と非本来性と呼ばれている二つの可能性があるということを、情態という観点からすでに暗示している。

従来の西洋哲学における「感情」

ハイデガーは、感情や情感が、どちらかと言えば理性的認識と比べて軽視されてきたと言う。従来の哲学では、感情は認識と意志に付随するもとしか見なされていなかった。例えば、カントは「感情は思慮分別を邪魔したり損なったりするもの」と考えていた。フッサールの現象学でも、情意的志向性が単独で存在者を開示する可能性を認めていない。そもそも現象学は現存在の理論的・学問的態度だけでなく、様々な振る舞いに対しても存在者がどのように現れているか、現れているがままの姿で記述するものである。その意味では確かに、現象学は理論的志向性だけでなく、感情的志向性においても存在者がどのように現れているかを記述するものでなければならない。しかし、フッサールは情意的志向性を含むあらゆる志向的体験は、存在者との基本的な関わり方としてまず理論的表象があって、それに情意作用が加わり、はじめて情意的志向性が成立すると考えていた。志向的対象の側から言えば、情意的志向性において現れている存在者とは、まず理論的作用によって開示される事物であり、そこに情意的な価値が付与された二次的なものにすぎないということになる。

ハイデガーの「感情」の位置づけ

ハイデガーは情意的志向性の方がむしろ、認識作用よりも根源的に世界と自己を開示すると考える。この考えに従えば、認識作用とは情意的志向性においてすでに開示されていたものを、特定の観点から改めて把捉するものにすぎなくなる。このような考え方をしていた先駆者として、ハイデガーはアウグスティヌスやパスカルの名を挙げている。アウグスティヌスは「信・望・愛がいまだ見えざるものへの到達の可能性をひらく、従って、神への欲求とは、理性の指導によって神を見るための目を獲得し、信・望・愛がひらく到達の可能性のうちに不可視なる神に向けられた視線なのである」(『神の国』服部英次郎訳、岩波文庫)と述べ、「愛」こそ本来的に認識するものだとしている。パスカルは「われわれは理性によってのみではなく、心によって真実を知る。心情は理性の知らないところの、その自身の道理をもっている」(『パンセ』塩川徹也訳、岩波文庫)と述べ、心情こそ自己の開示性があることを示唆している。キェルケゴールは「人間は理性や知性など特定のあり方で本質を規定することのできる実体存在ではなく、心と身、可能と必然、永遠と時間、無限と有限など、相反する様々な要素をもつ関係存在である」(『不安の概念』斎藤信治訳、岩波文庫)と述べ、「人間の根本気分は不安である」としている。

情態の一様態としての恐れ

ハイデガーの恐れの分析は、基本的にはアリストテレスの『弁論術』の中にある「恐れの定義」に準拠している。アリストテレスは『弁論術』（戸塚七郎訳、岩波文庫）で、「恐れとは、まさに来ようとしている、破壊を結果するような、もしくは苦痛をもたらすような悪を、心に思い描くことによって生ずる一種の苦痛、または心の乱れである」と定義し、「恐ろしいもの」「恐れられる人」「いかなる状態のとき恐れるか」と三つに分けて恐れ（Furcht）を分析している。ハイデガーはその三つを(1)「恐れの（何に対して）」、(2)「恐れること（そのもの）」、(3)「恐れの（何ゆえに）」という三つに捉え直し、恐れの構造を説明する。

(1)「恐れの何に対して」つまり「恐ろしいもの」はそのときどきに世界内部的に出会われるものであって、恐れという情態において現象しているもののことである。現存在が、生物、他者、道具的なもの、事務的なもの、といった様々な存在者に出会うと、これらは恐れという情態において「脅かす」という性質を持つものとして現れている。例えば、津波を恐れる場合、押し寄せてくる津波が、「恐ろしいもの」として現象している。

(2)「恐れること（そのもの）」は、そのまま恐れることそのものであり、ハイデガー流に言えば、「そのように特徴づけられた脅かすものに迫られながら、その脅かすものを明けわたすことである」となる。つまり、「恐れは恐れることで、恐ろしいものを自分にあきらかにすることができる」ということである。ただしこの場合、最初に何らかの「将来の悪」というようなものが特定され、それからそれを恐れるということではない。恐れるという情態において、恐ろしいものが初めて恐ろしいものとして露わになるのである。

(3)「恐れの何ゆえに」はどうであろう。恐れが恐れる（何のゆえに）は、恐れを抱いている現存在である。自分の存在においてその存在自身が問題である存在者のみが、恐れることができる。恐れることによって開示されるのは、危険にさらされているこの存在者なのである。先の津波の例で言えば、自宅での平穏な生活が案じられており、延いては、ハイデガーの言によれば、「現存在を危険に晒されている存在として露わにしている」。家屋が脅かされているということも、自分がそのもとで存在することが脅かされているということになる故、結局のところ、脅かされているのは自分の存在に他ならない。このような恐れは、現存在が己自身を気遣う存在であることを露わにしている。つまり、現存在が何らかの仕方で己を気遣っているからこそ、恐れが存在すると言えるだろう。

以上三つのうちで「恐れの何ゆえに」だけは、フッサール現象学の志向性分析に見いだすことはできない。ハイデガーがはじめて、志向性の根底に、己の存在への気遣いを見いだし、それを現象学的分析の中に取り入れたのである。

現存在の不安という根本的情態性

「不安」においてこそ、現存在がいかなる存在なのかが最も根源的に示されるとするハイデガーの主張は、実はキリスト教神学の伝統を背景にしている。ハイデガーは不安を分析するにあたって、アウグスティヌス、ルター、キェルケゴールを参照したことを『存在と時間』の注釈で言及している。アウグスティヌスは「『敬虔的な恐れ』あるいは『清らかな恐れ』は『神への愛』に由来するものであり、『奴隷的な恐れ』または『卑屈な恐れ』は『罰ために神を恐れる』もの」（『アウグスティヌス著作集』第18巻2、詩編注解2、教文館）であり、〈前者は神から逃げるのではなく、むしろ神に向かって行くという性質を持つ〉と言っている。日本語で言う「畏怖」という感情に当たるだろう。前者の「敬虔的な恐れ」あるいは「清らかな恐れ」こそ、ハイデガーのいう「不安」に該当し、後者すなわち、「奴隷的恐れ」または「卑屈な恐れ」は「恐れ」に相当する。

また、『創世記』第三章のアダムとイブの寓話の解釈で、ルターは「アダムのうちなる理性と意志の本性は、神を知ること、神を信じること、神を恐れること（「不安」）であった」（『ルター著作集』聖文舎）が、蛇にそそのかされ知恵の実を食べてしまった今はそれらが失われてしまったと述べ、「アダムとイブが神の音を聞いて木々の間に身を隠し、神の気配に驚愕するようになった」（同書）としている。これは、アウグスティヌスの「奴隷的な恐れ」あるいは「卑屈な恐れ」に該当する。

このようなアウグスティヌスとルターの「神への敬虔な恐れ」とは、神に従おうとすること、自分が神から見て正しい存在であるかどうかを気遣うことである。ハイデガーの『存在と時間』ではこうしたあり方が、己の固有な「世界内存在」に対する不安と捉えなおされている。

さらに、ハイデガーは、キェルケゴールの『不安の概念』からもヒントを得ている。キェルケゴールはその書の中で「恐怖やそれに似たいろいろな状態はいつも或る特定のものに関係しているのであるが、不安は可能性に先立つ可能性としての自由の現実性なのである」（前掲『不安の概念』）と述べている。ハイデガーは、これを「不安においては、己自身の存在能力が問題となり、自分がいかにふるまうべきかを自分自身で選び取ることを突きつけられている」（前掲『存在と時間』）と言い換えている。キェルケゴールの「不安は人間性の完全さに対する表現である」とか「本来的な『自己』は質的な飛躍によって始めて理解せられる」と言っているところや、ハイデガーの言及はないものの、ヤスパースの「私たちを苦悩と不安に陥れ、存在するものを悲しみと喜びにおいて経験させるものが、私たちの人間存在そのものであるからである。それゆえ、私たちが自己へ帰るのは、心情の動きを制圧することによってなされるのではなく、この心情の動きへ拘束されつつそれから飛躍することによってだけ、行われる。だから、私たちは、人間であることへの飛び込みを敢行しなければならない。そしてそれにより、私たちの充実した独立性へ迫っていくために、できるだけのことをしなければならない」(『哲学入門』草薙正夫訳、新潮文庫)というところは、ハイデガー流に置き換えれば、不安は、現存在がいかなる存在なのかを根源的に開示し、現存在を己自身の本来的な可能性へと向かわせる契機となりうる、ということになるだろう。

このような議論を見てくると、自ずと、自分は宗教など意識していないにもかかわらず、不安とは必ずや宗教に関わってくるものだと思うかも知れない。しかし、そうとも限らない。私たちは、宗教を意識していようがいまいが、不安の原因が実際にはその場の状況にあるわけでもないのに、その場の状況のせいにして、結局わけもわからず、心の奥底から不安をおぼえる時がある。夏目漱石の小説『三四郎』や『道草』にはそういう不安が描かれている。理屈の上では解決できても、それでいて何か無定形な不安があることを語っている。そのような不安を『三四郎』の中の美禰子にこう言わせている。「我はわが愆《とが》を知る。わが罪は常にわが前にあり」(『旧約聖書』詩編第五一篇三)と。どう言い表していいかわからず、このような、つい宗教の言葉を引用せざるをえなくなるような「不安」を、私たちは時おり感じ取っているはずである。

「頽落」を手掛かりとしての不安の分析

ハイデガーは不安の分析にあって「頽落」を手掛かりにしている。頽落と不安はどのような関係があるのか見てみよう。

現存在は、世界内存在として、己の現へ投げ込まれているという被投性というあり方をもちながら、常に可能性へと企投する存在でもある。また、現存在には、道具的なもの「〜のもとでの存在」と他者との「共同相互存在」というあり方も含まれている。そして現存在はそのつど己自身を気にかけている。しかしそれと同時に、現存在はさしあたりたいていは頽落（Verfallen）しており、非本来的に存在している。ハイデガーは現存在のこのような構造全体に立ち入るために「頽落」を出発点としている。

ハイデガーによると、「頽落」とは「現存在が自分自身（自分自身とは本来的に自己でありうることであるが）から逃避する」ことである。ハイデガーは、日常生活に埋没している現存在のことを「人」と言い換えて、現存在は己を「人」と「世界」に投入することによって、「本来的に自己でありうる（eigentliches Selbst-sein-können）自分自身から『逃避（Flucht）』している」という言い方をする。そして、いかに自己自身から逃避しても、現存在は自己自身から逃れられず、自己自身は逃避する現存在の背後に常につきまとっているとも付け加えている。

あるものから逃避することは、すでに分析した「恐れ」にも見られる性質ではあるが、ハイデガーの分析によれば、恐れの場合、恐れの直面しているものは、例えば、世界のうちに現れる、津波や地震、台風といった存在者であった。それに対して、頽落においては、直面していながらも目を背け、そこから逃げているのは己自身の存在であるため、その点で頽落の逃避は恐れの逃避とは違う。つまり、頽落においての逃避とは、己の「不安（Angst）」からの逃避である。言い換えれば、頽落とは、己自身の存在、すなわち、自己存在の本来性（die Eigentlichkeit des Selbstseins）〈本来性・非本来性に関してはのちに詳しく議論する〉に直面することへの「不安」から逃避することだということになる。だから、ハイデガーは、頽落における逃避の根底にある状態を「不安」と規定し、この不安においてこそ、現存在がいかなる存在なのかが最も根源的かつ直截的に示される、と言う。そして彼は、この不安を恐れの場合と同じように(1)「不安の（何をまえに）」、(2)「～のための不安」、(3)「不安にあって～に感じている」に沿って分析している。

(1)ハイデガーによれば、「『不安の（何をまえに）』は世界内存在者そのものなのである。不安の『なにをまえに』は世界内部的存在者ではない。不安による『脅かし』は『特定の有害さ』をもっていない」と言う。言い換えれば、「不安においては、自己の存在そのものを不安がっているのであり、不安の対象は世界内に現れる、事物や他の現存在者ではない。不安において『脅かし』を与えてくるのは、具体的で有害な存在者ではない」ということになる。

(2)不安をおぼえるのは、現存在の存在の仕方や可能性ではなく、世界内存在そのものである。すなわち、本来の自分自身から逃避しながら没入している「世界」にいるからこそかえって自分自身が不安になるということである。「不安にあっては、『世界内部的存在者』も『共同現存在』も意義を失い、現存在からは『世界』と『公共的に解釈されたあり方』に基づいて『自分を理解する可能性』や『頽落』

の可能性が奪われてしまう。不安は、現存在がそのために不安になるものへ現存在を投げ返す。不安の（なんのために）によって現存在は単独化（vereinzelt）され、「可能存在（Möglichsein）」として開示される」（前掲『存在と時間』）とハイデガーは言う。つまり、世界内にいることでかえって不安になり、不安になると、世界の内に現れる道具的（事物的）なものであれ他者であれ全く意味を持たなくなり、社会や組織の中でこうすればよいという規範の意味が失われ、その中で自分自身がいかにふるまうべきかを自分自身で選択することを突きつけられることになる、と言い換えられるだろう。もっと簡単に言うと、不安をきっかけに、周りを気にしていた自分から離れ、本当の自分とは何か、本当の自分自身はどうふるまうべきかと自分自身に問うている状態である。

(3)不安にあってひとは「不気味さ」を感じている。この不安の「不気味さ」から離反し、それを「遮蔽する」というあり方で、実は不安の不気味さを了解している。本質的に本来的可能性からの逃避と理解されるべきものである。ハイデガーは、「ひとは安心した自信や自明な居心地のよさ（Zuhause-sein）を現存在の平均的日常性のうちにもちこむのであるが、これに対して不安は、公共性の居心地のよさに埋没している現存在を連れ戻し、不安の不気味さが「ひと」へと頽落している現存在を脅かす。そのとき、現存在はまさに「世界内存在」として「単独化」され、「居心地の悪さ（Un-zuhause）」に陥るのである。不安においてあらわになるものは、「本来性」と「非本来性」という現存在の根本的な可能性なのである。

現存在の存在としての「気遣い（Sorge）」とは何か

ハイデガーによると、不安において投げ出された世界内存在に直面し、その都度自分の世界内存在——能力を案じている。別言すれば、現存在は自分の世界内存在を否応なく担わされ、「本来性か非本来性か」の選択に迫られ、究極的には最も固有な存在可能すなわち『本来性』を強いられるということだろう。この最も固有な存在可能にかかわる存在とは、「現存在が自らの存在においてその都度すでに自分自身に先立っている（das Dasein ist ihm selbst in seinem Sein je schon vorweg）ことにほかならない。現存在はその都度すでに現存在自身の存在可能へと関わる存在として『自分を超え出て』いる。この存在構造を、ハイデガーは『現存在が自分に先立って存在していること』と捉えることにすると言い、「気遣い」と名づけている。ここでは一応「気遣い」と訳しておくが、『存在と時間』の翻訳者によっては「気遣い」とか「気配り」ないしは「関心」などと訳している。しかし、本当のところ、ドイツ語のSorgeにはもともと「心配、気がかり、憂慮、気遣い、世話、配慮、気配り、不安、重荷」という意味があるため、様々な訳し方になるのは仕方のないことであるが、『存在と時間』を読み進めていけば、ハイデガーはこれらの意味をすべて含めて使っているということに気がつくだろう。

ところで、レヴィナスはその著書『実存から実存者へ』（西谷修訳、講談社科学技術文庫）で「世界に先立って、私たちの配慮があるわけではない。世界がそうあるから、私たちは配慮できるのである」と批判しているが、これはまさに経験的認識論の立場からの批判である。それに対して、ハイデガーはカントの先験的観念論の立場を取っていると言える。医学界でも近年、ジェフリー・M・シュウォーツ／シャロン・ベグレイという精神医学者が、その著書『心が脳を変える』（吉田利子訳、サンマーク出版）の中で、「心」と呼ぶものは「脳」とは別の非物質的存在であり、この「心」（志向性のある心の力）が、脳に正しい経路の選択をさせ、それにより行動が変化し、その変化が脳回路自体を変化させる。つまり、「心」が「脳」を変えるということである、と述べている。この「心」がハイデガーの特記する「気遣い」になるのではないだろうか。

ハイデガーによれば、「現存在が自分に先立って存在している」という構造は、現存在の体制全体に関わっており、自分に先立って存在していることは無世界的な「主観」にあってみられる孤立化した傾向といったものではない。「自分に先立って存在しているとは、最も固有な存在可能に関わって存在することである。そしてそこに、本来的な実存的可能性が開かれている」ということである。ハイデガーはさらに、「〈なんらかの世界のうちですでにじぶんに先だって存在していること〉のうちには、配慮的に気づかわれて世界内部的に手もとにあるもののもとで頽落しながら存在していることが、その本質からして含まれている」（前掲『存在と時間』）と述べ、気遣いを、配慮的な気遣い（世界内部的に現れる物事への気遣い）と、顧慮的な気遣い（世界内部的に出会われる他者たちの共同現存在への気遣い）と二つに分けている。もっとも、この二つは同義反復であろうが。

以上の点をもう少しわかりやすく言い換えると次のようになるだろう。自分自身の能力は、ある世界における可能性であり、そうした可能性に関わることは、その世界のうちに己自身を見いだしていることにほかならない。したがって、「自分に先立って」のうちには本質上、「すでにその世界のうちに」が含まれている。つまり、自分自身の存在能力は自分自身の意のままにならない仕方で規定されているということであり、この思うようにならない可能性を押しつけられているという被投的企投の居心地の悪さから逃避して、現存在は常に世界のうちで現れる物事や他の現存在への気遣いに没頭しながら、気遣いは本来性を絶えず見据えているということであろう。

「気遣い（Sorge）」という概念の由来

ハイデガーが、現存在の存在を「気遣い」と名づけ、しかもそれは「その都度自分自身に先立っている」と解釈した根拠として取り上げているのは、古代ローマのヒギヌスが記録した寓話集の中に収められている（Cura）「気遣い」の寓話である。この寓話の内容を要約してみると次のようになる。「むかし、クーラ（気遣い）が川を渡ると、そこに粘土の泥があったので、思いを巡らしながらクーラはその一塊を取り上げてかたちを与え始めた。すでに造り終えたものについて思案していると、ユーピテルがやって来た。ユーピテルにクーラはかたちを与えられた一塊の粘土に精神を授けてくれるようにお願いをした。ユーピテルは喜んでその願いをかなえてやった。ところが、その像にクーラが自分自身の名前をつけようとしたとき、ユーピテルはそれを禁じて、その像には自分の名前がつけられるべきだと言い張った。名前をめぐって、クーラとユーピテルが争っている間に、大地（テルス）も立ち上がって、自分の身体の一部をその像に提供したからには、自分の名前がそれにつけられるべきだと要求した。クーラ、ユーピテル、テルスは言い争い続けたが、最後にはサトゥルヌス（時間）に裁きを仰いだ。そこでサトゥルヌスはもっともだと思える次のような裁きを下した。『なんじユーピテルよ、なんじは精神を与えたゆえ、この像が死ぬときはその精神を受け取るべし。なんじテルスよ、なんじは身体を授けたゆえ、この者の死するときはその身体を受け取るべし。クーラ（気遣い）はこの者を最初にかたち造ったゆえ、この者の生きてあるかぎりは、クーラ「気遣い」がこの者を占めるがよい。だが、その名前についてなんじらが争っている以上、この者は humus（大地）からつくられているがゆえに、homo（人間）と名づけるがよかろう』」。

ハイデガーは現存在を「気遣い」と解釈するためにこの寓話を引証したのであるが、その引証のきっかけとなったのは、ブルダッハの「ファウストと気遣い」という論文であった。それに関しては『存在と時間』の注釈で言及している。しかし、ハイデガーが参考にしたのは「ファウストと気遣い」で引用されている「クーラの寓話」だけではなかった。ブルダッハがその論考の中で「気遣い」について分析している内容そのものが、ハイデガーの「現存在の存在は気遣いである」という考え方への大きなヒントとなったばかりか、『存在と時間』の方向性を決める契機となったのではないだろうか。

ブルダッハはその論の中で、ラテン語 Cura の二重の意味（「生活の心配」と「献身」）を指摘し、セネカの書簡の用例を引用した後に引き続いて次のように述べている。「ゾルゲ（気遣い）は人間をこの世の物質的なものに巻き込み、塵芥に貶めるような下降的なわけではないし、大地から形造られたことに由来する人間像の素質といったものではない。ゾルゲはむしろ、大地に生まれた人間を上方へと持ち上げ、あの神が本性から持ち合わせているものを、即ち善を人間に身につけさせることによって、人間を神に近づけさせる原動力なのである」と述べている。また、ブルダッハは、善に関してもセネカの書簡を引き合いに出して「四種の実在する生存体（樹木、動物、人間、神）のうち、独力で理性が備わっている後の二者は、神が不死であるのに対し人間は可死的であるということによって区別される。ところでこの両者の場合、一方の善すなわち神の善を完成するのはその本性なのであるが、他方の場合つまり人間の場合には、その善を完成するのはゾルゲ（cura）である」と語っている。「気遣い」の由来に関してはここで話は終わらない。

実は、ブルダッハよりも先にSorgeに気がついて表現しようと試みたのがゲーテであり、その思想を具現しようとしたのが『ファウスト』であったようだ。ブルダッハは論考「ファウストとゾルゲ」で、そのタイトルの如く、その論考の基盤を示唆している。例えば、『ファウスト』（高橋義孝訳、新潮文庫）の中でSorgeはファウストの耳元でこのようにささやく。「わたしの言葉は耳に聞こえなくても、胸のうちには響くはずです。姿をいろいろと変えて、怖ろしい力を揮うのがわたしです。野の小径でも、波の上でも、心を不安にする永遠の道連れで、来いと言われることのない代りには、いつでもくっついているのです」「誰でもわたしにつかまると、その人には全世界が無益のものになります。……」と。これと同じような内容が、『存在と時間』の中では以下のように変装して現れている。「不安の（何を前に）は完全に未規定なのだ。この未規定的（völlig unbestimmt）なありかたは、どのような世界内部的な者が脅威を与えるのかを事実として決定しないままにしておくばかりではない。一般に、世界内部的な存在者は有意的（relevant）でないことを意味するものにほかならない。世界の内部で手元にあったり目の前にあったりするものの何ひとつとして、不安が不安がる（何を前に）としては作動しない。手元にあるものや目の前にあるものに関しては、世界内部的に、その適所全体性が覆いをとって発見されるけれども、そうした適所全体性は、そのものとして総じて重要性をもたない。適所全体性は、それ自身の中に崩れ込む（Bewandtnisganzheit sinkt in sich zusammen）。世界は完全な無意義性（völlige Unbedeutsamkeit）という性格を有することになる」と。わかりやすく要約すると次のようになる。不安においては、世界のうちに現れる道具的なものや事物的なものは全く意味をもたない。道具や事物がはめ込まれている意味連関が崩壊し、世界が完全に無意義になっているということになる。もっと言えば、組織や社会で通用してきた規範が意味を失い、世間的な基準・物指しが拘束力を持ち得なくなるということになるであろう。さらに付け加えれば、そうした状況の中で、世界の意義が全体として問いに付されれ、自分はいかにふるまうべきか、自分のあり方をどうするのかが突きつけられるようになるということである。

理解としての現存在

情態とともに現存在を開示しているのが「理解」である。情態は常に何らかの「理解」内容を伴っているからである。例えば、道具の使用中に、道具の調子が悪かったり、邪魔が入ったりしてイライラしている場合、そのイライラの気分において、そこに現象しているものを「イライラさせるもの」として理解し、自分自身をそれによってイライラさせられている存在として了解している。また、先ほどの恐れにしても、そこに現象しているもの（存在者）を「脅かすもの」として理解し、自分自身をそれによって脅かされている存在として了解している。要するに、理解において、常に何らかの情態が伴っているのであり、情態と理解は「現」であることの「等根源的な」様式と捉えられなければならない。

ハイデガーにとって、「理解」というのは、世界ならびに世界内に存在する自己が同時に開示され、世界と自己が理解されているということである。生物ならその生物の固有の周囲環境、すなわち、活動空間をもち、道具は道具で異なった仕方で周囲の存在者との関係を形作っている。つまり、様々な種類の存在者は、その存在において、それぞれの異なった仕方で世界を形成しており、そういう世界のうちに現存在があることは、そういう世界を一定の仕方で理解していることに他ならない。

ハイデガーは、アリストテレスの『ニコマコス倫理学』（高田三郎訳、岩波文庫）の冒頭「いかなる技術、いかなる研究も、同じくまた、いかなる実践や選択も、ことごとく何らかの善（アガトン）を希求していると考えられる。『善』をもって『万物の希求するところ』となした解明の見事だといえる所以である。…中略…活動それ自身が目的である場合もあれば、活動以外の何らかの成果が目的である場合もある。目的が何らか働きそのもの以外にあるといった場合にあっては、活動それ自身よりも成果の方がより善きものであるのが自然であろう」を軸にし、ハンマーを例に出して一定の理解の仕方を次のように説明している。

ハンマーが手元に存在するとする。そのハンマーは当然釘を打つためのものである。釘を打つのは屋根やドアを固定するためであり、屋根やドアを固定するするのは、風雨から家を守るためであり、風雨から家を守るのは人間が安心して住めるようにするために行われる。このようにハンマーの目的は究極的には、人間の居住にまで行きつく。この構造をハイデガーは、ハンマーの目的は「目的―手段連関のうちで規定されている」と言い、この「居住すること」という究極目的を「気にかけているもの

（Worumwillen）」と呼ぶ。「気にかけているもの」がそのための手段を指示し、その手段がさらにそれを実現するための手段を指示し、究極的にはこのハンマーが必要になるというように、連鎖的に意義が与えられているという構造になっている。この連鎖構造全体をハイデガーは、「有意義性（Bedeutsamkeit）の連関（Bezugszusammenhang）」と称し、「気にかけているもの」と「有意義性の連関」が現存在に対して開示されていることがすでに理解されていると説明する。

「〜のもとでの存在（sein-bei）」

ハイデガーは、フッサールの現象学において最も基本的な現象とされる志向性を捉えなおしている。フッサールの志向性が「何ものかに向かっている」というとき、その「何ものか」は対象そのものであり、決して意識内の像ではない。志向性が意識作用であるとされている限り、すべては意識内の出来事であるという考え方になり、知覚や想像、想起といったような表象的な作用を中心に考察することになってしまう。しかし、ハイデガーは、世界に対する現存在のかかわり方として、表象作用だけでなく、例えば道具を使用することなどのように、行為、実践を含めた広範囲の活動を想定している。こうしてハイデガーの場合には、「〜のもとでの存在」の様々な様態に対して、存在者がどのように現象しているのかを記述しようとする。つまり「〜のもとでの存在」に対して存在者がどのように現れてくるかを捉えなおそうとしたのである。その捉え方からすると、現存在は、「現」において、すなわち、ここに hier」や「あそこに dort」において配慮的に気遣いながら関わる存在であり、「現」は己自身と他の存在者の存在がともに開示される場ということになるだろう。ハイデガーは、この「現」のことを「開示性（Erschlossenkeit）」と呼び、この「開示性」を、現存在が自分自身に即して世界内存在として「明るくされている（gelichtet）」ことであると述べている。つまり、「他の存在者によってではなく、自分自身が明るみである」ことで明るくされているのである。

現存在が「開示性」、明るみだということは、己自身と他の存在者の存在が開示される「場」であることにほかならない。とすれば、私が存在するということは、そこに私という「実体」があるということではなく、その場その場によってその都度、私という存在のあり方が照らし出される、ということである。

理解していること（Verstehen）とは何かをなしうること

現存在が自分の置かれている状況をよく理解しているということは、現存在がその状況の中で適切に振る舞うことができるということである。つまり、理解は何らかの仕方で「可能性」に関わっていることになるとハイデガーは指摘する。言い換えれば、現存在は、理解のうちに存在―能力（Sein-können）という存在様式が含まれている。

現存在は常に何らかの仕方で自分の置かれた状況を理解しているのだが、それは、現存在がその状況の中で「存在できること」と「何かをなしうること」を意味する。また、ある人のことを理解しているというとき、それは、その人がどういう状況の下でどのように振る舞えるかということを知っているということである。現存在が何者であるかはその人の存在能力によって規定される。その意味で、現存在は「可能存在」なのである。言い換えれば、ある状況を理解しているということは、その状況に存在し、適切な行動がとれるということである。例えば、道具使用の状況で言えば、有意義性連関を理解していることになる。この理解はその究極目的としての自分自身の可能性の理解であり、その実現のために必要となる様々な道具の用途を理解しているということでもある。

理解としての「投企」あるいは「企投」

ある存在者を理解するとは、その存在者の可能性を理解するということである。可能性を理解することへの関わりを、ハイデガーは「投企（Entwurf）」と呼ぶ。例えば、ネコが寝ているのを目にするとしよう。「ネコが寝ている」と思うとき、「ネコが寝ている」とともに、「にゃーにゃーと鳴く」とか「獲物を狙っている」といった他の様々な振る舞いをするという可能性をすでに理解している。ネコを見て、その後で、ネコは「にゃーにゃーと鳴く」とか「獲物を狙っている」という可能性を思い描くのではない。ネコが寝ているのを目にしているとき、すでにネコの様々な可能性が、ネコと関わる可能性のあるすべての存在者とともにそのネットワークをも描かれているということである。このように、ハイデガーは、現存在がある存在者を存在するものとして捉えるとき、その存在者のすべての可能性の連関がおのずとすでに立ち現れており、またそれに対する現存在の応答の可能性も、その存在者の可能性によって規定されている、というのである。

ところで、ちなみにEntwurf（投企）という語は、そもそもカントが『純粋理性批判』（篠田英雄訳、岩波文庫）の中で用いた言葉であるが、『純粋理性批判』の訳者によっては、「企画」、あるいは「計画」と訳されたりしている。いずれにしてもハイデガーの企投の使い方とは全く異なっている。カントがもともとどんな意味で使っていたかは、『純粋理性批判』の第二版序文を見ればわかる。カントは、ガリレオ、トリチェリ、シュタールといった自然科学者がそれぞれの実験（例えば、ガリレオの場合、一定の重さの球を斜面上で落下させた実験）により、一筋の光が閃いたと述べ、「理性は、自分の計画（企投）に従い、自ら産出するところのものしか認識しない、――また理性は一定不変の法則に従う理性判断の諸原理を携えて先導し、自然を強要して自分の問いに答えさせねばならないのであって、徒に自然に引き廻されて、あたかも幼児が手引き紐でよちよち歩きをするような真似をしてはならないということである」と書き記している。つまり、理性は、自然から学ばなければならないことや、理性自体だけではそれについて何も知りえないようなことも、理性の原理に従って、もともと自然の中にありもしないことを自然に押しつけるのではなく、自然のうちに求めねばならない、ということであろう。

被投的投企（投企）

ハイデガーはこの「投企」を被投性に沿ってこう述べる。「人間（現存在）は世界のうちに投げ出されている被投性において常に自己にふさわしい可能性へと向かって超え出ようとする」つまり、現存在が存在するとは、世界と己自身の可能性をすでに投企してしまっているということであり、己の活動空間が開かれてしまっているということに他ならない。さらにハイデガーは言い換えて「投げ出されたものとして現存在は、投企するという存在の仕方のうちへと投げ出されている。…中略…現存在が存在する限り常にすでに、しかも常になお、様々な可能性から自分を埋解している」と表現する。そして、このような可能性が開かれているという事態は、現存在の自発性と、現存在の意のままにならないという不随意的な性格を同時に併せもっていると付言する。この点で、ハイデガーの「投企」ということばの用い方には問題がある。「理解」とか「投企」という語を用いると、能動的なイメージが強く出てしまうので、本当のところ、そうした事態を示すには「投企」という言葉はふさわしくないだろう。しかし、兎にも角にも、ハイデガーが「投企」という用語で表したかったのは、そもそも日本語で言うところの「おのずからわかる」とか「おのずからなる」という「おのずから」という動的なニュアンスであろう。

サルトルの「投企」の解釈も付け加えておきたい。「企投」または「投企」という言葉は、フランス語で projet（プロジェ）となり、普通は「計画」という意味だが、「前へ（プロ）／投げる（ジェ）」というニュアンスがある。サルトルは『実存主義とは何か』（伊吹武彦他訳、人文書院）の中でこう述べている。人間はまず先に実存し、したがって、自分の本質というのはその後で、自分自身でつくるものであり、「人間は自らつくるところのもの以外の何ものでもない」、そしてそこから、みずから主体的に生きるという「主体性」の概念が出てくる。自らをつくるということは、未来に向かって自らを投げ出すこと、すなわち、みずからかくあろうと「投企」することである、と。

可能性という用語の方は、アリストテレスの「可能態」を下敷きにしている。アリストテレスの『形而上学』（出隆訳、岩波文庫）によれば、「現実態が、善い可能態よりもさらにいっそう善くあり、さらにいっそう貴重であるということは、つぎのことどもから明らかである。けだし、或るなにかの可能なものと言われるものは、すべてひとしく、そのなにかとは反対の物事も可能なものである。たとえば、健康であることの可能なものと言われるものは、病気であることの可能なものと同じものであり、しかも同時に(これら相反する可能態をもっている)。というのは、同一の可能態が、健康であることの可能態でもあれば病気であることのそれでもあり、静止することのでもあれば運動することのでもあり、建築することのでもあれば破壊することのでもあり、建築されることのでもあれば倒れることのでもあるからである」とある。つまりアリストテレスによれば、可能態というのは現実化する前の潜在的な能力を指すのに対して、現実態というのは可能態が現実化したあり方を指し、可能態から現実態への変化は、目的の実現となる。したがって、時間的には、可能態は確かに現実態に先だっているが、根源的には、目的としての現実態の方が可能態より優位に立つことになる、ということである。ハイデガーは、このアリストテレスの現実態と可能態のあり方を基盤に、本来性と非本来性というあり方を発想したのではないだろうか。

「語り」と「言語」

語りは情態と理解とともに開示性を構成する。ハイデガーは「語り(Rede)」と「言語」を区別して、「語り」とは「現」において存在者があらわになる事態そのものを指し、そのような存在者の開示を保存するのが言語であると指摘する。つまり、「語り」が第一次的なものであり、その語りを具体的に保持する物理的な存在者が言語であるという位置づけをしている。ハイデガーは言う。「語りが外へと言表されたものが、ことばである。ことばという語の全体性は――語りがそのうちで或る固有な『世界的』存在を有しているのだから……、一箇のてもとにあるものとおなじように、世界内部的な存在者として目の前に見いだされることにある」（前掲『存在と時間』）と。言い換えれば、現存在は、被投的な、「世界」へと割りあてられた「世界内存在」だから、現存在としての人間は自分の身体、そしてそれ以外の存在者という物質性にゆだねられていることを意味している。したがって、現存在のあり方が物質性と本質的に不可分である限り、現存在が自分を言明しようとするときには、必ずや物質的な形態（言葉という形態）をとらざるをえないということだろう。

共同相互存在としての「語り」

現存在がその世界内で出会う存在者は道具などの事物だけではなく、自分と同じ存在者としての「他者」にも出会う。つまり、世界内存在者は本質的に他者と共にある「共同相互存在者」なのである。そうすると、語りは世界内存在の了解の表明として他者との共存性の何らかの様態を示すことになるだろう。例えば、「ネコが寝ている」ということで言えば、他者と一緒に寝ているところを何気なく見ていることであったり、「ネコが寝ているよ、かわいいね」などと言ったりしてと他人に注意を促すだけでなく、「情態」を共有しようとしたりもする。

この語りを構成する契機としてハイデガーは、語りの（何について）（それについて語られているもの）、語られているものそのもの、伝達および告知を挙げている。語ることは〜についての語りであり、語りには必然的に（何について）という契機がある。つまり、語りには必ずきっかけとして何らかの存在者がいるということである。そして、ハイデガーは「語りにあって（それについて語られているもの）は、つねに特定の観点と或る限界内で〈語りかけられて〉おり、語りにはそれぞれ、何らかの語られているものそのものが、つまりそのときどきの〜において願望、発問、意見にあって言われているものそのものが含まれている。この言われているものにおいて、語りは分かち合われ伝達される」のであり、「そのような伝達にあって、理解しあう共同相互存在の分節化が構成される。そうした分節化によって遂行されるのが、共同的情態性（Mitbefindlichkeit）と、共同存在の了解との分かち合いにほかならない」（前掲『存在と時間』筆者一部改）と説明する。言い換えれば、世界内存在は、本質的に他者と共にある「共同存在」であり、共同存在は語りにおいて、ある特定の情態性と共同存在の了解を分かち合っているということである。ちなみに、英単語の share に、こうした「語り」の様態のヒントが見て取れる。通常「〜を共有する、分かち合う」という意味だが、I'm going to share this news with him. の訳は「このニュースを彼に教えよう」となり、I have something I want to share with you. は「あなたに話したいことがある」という訳になることは興味深い。

第三章　本来性と非本来性

ハイデガーは、カトリック信徒として当初は神学研究から出発し、途中で哲学に転向したが、キリスト教教義の影響は強く、アウグスティヌスに即して宗教的現象学的分析を展開した。その後、アリストテレス人間学にも立脚して、表向きは宗教色を払拭した中立的な現存在分析を行うようになった。それでも「恐れ」「頽落」「不安」「気遣い」「死」「良心」などの分析はキリスト教教義学を下敷きにしている。中でも現存在の本質が自分自身の可能性への「気遣い」というのは、まさにキリスト教の「神を気遣う人間存在」という考え方に対応しているだろう。また、現存在を、「負い目のある存在」と規定するのも明らかにキリスト教の原罪説を意識してのことである。

ハイデガーは、キリスト教神学における、神に対する人間のかかわりという神学的な要素は取り除き、現存在のあり方の基本的な様態として、本来性と非本来性というカテゴリーで捉えようとした。しかし、本来的な目覚めたあり方と、非本来的な堕落したあり方をキリスト教の原罪説を意識する形で扱っている。

原罪説とは、アダムとイブがエデンの園で犯した罪が人間の本性を損ね、あるいは変えてしまったために、以来人間は神の助けなしには克服できない罪への傾きを持つことになったという思想である。この原罪の観念はパウロやアウグスティヌス、ルター（ルターに関しては「現存在の不安という根本的情態性」〈三八頁〉ですでに言及済み）、キェルケゴールなどに引き継がれ強調されてきた。

パウロは、『ローマ書簡』（五－一二）で「このようなわけで、ひとりの人によって、罪がこの世にはいり、また罪によって死がはいってきたように、こうして、すべての人が罪を犯したので、死が全人類にはいり込んだのである」と説き、『第一コリント』一五章二二節でも「凡ての人、アダムに由りて死ぬるごとく、凡ての人、キリストに由りて生くべし」（アダムにあってすべての人が死んでいるのと同じように、キリストにあってすべての人が生かされるのである）と説いて原罪説を最初に唱えた人と言える。

アウグスティヌスは、「ひとりの人（アダム）によって罪がこの世に入り、罪によって死が入り込んだように、死はすべての人に及んだ」と説いた『パウロ書簡』（ローマ人への手紙）に基づいて、「人間の本性はアダムの堕罪によって決定的に損なわれてしまい、それは人類という子孫全体に伝播している」（『告白』服部英次郎訳、岩波文庫）という、いわゆる「原罪遺伝説」なるものを主張している。彼によれば、これは個々の人が道徳的な罪を犯しているかどうかという問題ではない。したがって、アダムの子孫として生まれてきた人類に伝播している罪を断ち切り、新たに生まれかわるためには、幼児であれ洗礼を受ける必要があるということになる。

キェルケゴールも、パウロの「アダムの罪とともに罪性がこの世に来たった」という言葉を前掲『不安の概念』の中で繰り返し、「原罪はいかなる人間の理性によっても理解せられえないほどに深刻にして恐怖すべき人間性の堕落であり、それはただ聖書の啓示によってのみ認知せられ信ぜらるべきものである」と、ルターのシュマルカルデン信仰箇条書きの言葉を引用している。

　ハイデガーは、この宗教的に目覚めた人間の真正なあり方、即ち本来的なあり方を、人間が世界の事物と関わるときにその事物の「存在」を真正な仕方で理解することとして捉え直している。そして、その逆の非本来的なあり方は、人間が「存在」についての真正な理解をもたないあり方としている。このように、人間には本来性と非本来性という二つのあり方があるという考え方は、何もハイデガーが言い出したことではなく、その例は枚挙にいとまがないが、ここではアウグスティヌスの『告白』とゲーテの『ファウスト』にのみ触れておこう。アウグスティヌスは「人間は死すべき定めにもかかわらず、それを忘れて高慢になる。逸脱の罪を身に負ってこの世を生きている。しかし、人間の本心の願いは、死を超えて愛すべき永遠の神のもとに至ることであり、「心」へと立ち返り希望をもって歩みを進めることである」（前掲『告白』）と告げている。また、『ファウスト』の第二部では「強大霊の力によって、あらゆる要素が固く結びつけられている限り、いかなる天使の力をもってしても、人間の二つの本性の解きがたき結合を分かつことなどできません。ただ永遠なる愛の力だけが、精神を肉体からきれいに引き離すことができるのです」と唱われている。どちらも人間の「本来性」と「非本来性」のことを言っているのはお分かりであろう。

非本来性としての「頽落」――日常的な様態としての「ひと」――

非本来性の議論となれば、「ひと」についての分析から始めることになるだろう。この「ひと」は現存在が日常生活でどのようなあり方をしているのかという問いに対する答えとして提示されている。

ハイデガーによれば、「ひとは他者たちと共に、他者たちのために、他者たちと対抗してつかみとったものを配慮的に気遣い、他者たちに対する区別を気遣うことが不断にもとづいている」（前掲『存在と時間』）。具体的に言えば、「ひと」は、自分の配慮したものが他者に役に立っているのかいないのかを気遣い、他者たちへの関係で優位を維持しながら他者たちを抑えつけ（niederzuhalten）たり、あるいは他者たちからの遅れを取り戻し（aufholen）たりして、他者との「間隔（Abstand）」を気遣っているということである。この「間隔の気遣い」によって、現存在は常に落ち着かない様態にある、とハイデガーは言う。要するに、人々がお互いに他者を気にしつつ競争している状態だということだろう。そして、そうした状態のことを、他者に支配されているとか、知らぬ間に他者に従属してしまっている状態だと言及している。

こうした状態から良心の呼び声により本来性を了解するまでの展開は、ヘーゲルの『精神現象学』（長谷川宏訳、作品社）の基本的な考え方に基づいているように思われる。ヘーゲルの論旨は次のようにまとめられる。〈人は、自由を追求する、自由を追求すると孤独になる、孤独になると、つながりを求める、つまり、承認を求める欲求が生じる。承認を求めて、例えば、自分が強いことを喧嘩で証明しようとする。もともと人間には競争の欲求があるからである。ところが、自分が競争の奴隷になってしまっていることに気づき、そこから逃れたいと思う。勝っている方も負けている方も、何も喧嘩だけで決まるわけではない、自分には自分の価値というものがあると悟る。やがて普遍を求める意識が芽生えてくる。自分も他人も自分なりの良いものを追求しようとする。例えば、砂山を作るとする。自分の作ったものより他人の作ったものの方がよく見える。でもそのうち気づくだろう。誰が見ても良いと思えるものがあるだろう、と〉。ヘーゲルの場合は、このように人を意識の成長という視点から「本来性を理解するまでの展開」を捉えていた。

ともかく、現存在が他者との「間隔」を気遣っているということは、現存在が日常的な共同相互存在として、他者たちの支配のもとにあることにほかならないし、現存在自身が存在しているのではなく、他者たちが現存在からその存在を奪い取ってしまっていると言えるだろう。他者たちが現存在の日常的な存在可能性を操っているわけである。その他者たちとは特定の他者たちではない。この者でもあの者でもなく、何人かの者でもなく、すべての者の総和でもなく、中性的なものである。ハイデガーはこの中性的な「ひと」のことを„das man"としている。ドイツ語で„das"は中性名詞につく定冠詞であり、„man"の中性的な性格がいかにも強調されている。日本語でも「ひとはそうしているよ」と言うとき、「だれ」というわけでもない他者を茫漠と思い浮かべるが、それこそまさに「ひと」を指していると言えるだろう。

それでは、この「ひと」は日常どのようなあり方をしているのであろうか。普段、電車やバスに乗り新聞・テレビ・インターネットなどを利用するとき、自分を含めてすべての他者は他の者と全く変わらないあり方をしている。私たちはひとが楽しむように楽しんで、そして満足する。文学や芸術を読んだり見たりして判断するのも、ひとと同じようにする。また、私たちが「群衆」から身を引いて引きこもるのも、ひとが引きこもるようにそうするにすぎない。私たちはひとが憤慨するものに憤慨する。

事物に関しても同じことが言える。日常生活において私たちは、様々な製品やサービスを媒介として相互に関係している。そうした製品やサービスは、「ひと」がどのようなものを望んでいるかを考慮し、それに合わせてつくられている。またそれを使う人は、そのように設えられた製品やサービスの規格や使用法に自分を合わせることにより、自分のあり方が規定されている。このようなあり方を定めているこの「ひと」は、特定のだれかではなく、日本語で言う「みんなそうしているよ」の「みんな」である。このように私たちは、日常生活において「ひと」「みんな」によって自分のあり方が規定されている。

ハイデガーによれば、ひとは平均的なあり方（Durchschnittlichkeit）を気遣う。ひとにとっては平均的なあり方が大切なのである。ひとはふさわしいもの、ふさわしくないもの、通用したりしなかったりするもの、認めてもらったり認めてもらえなかったりするものについて、ひとはその平均性に身を置いている。その平均性の中では、やれることとやれないことについてはあらかじめ決まっており、そこから逸脱しないように監視されている。フーコーの「個性を奪われた人間」（監獄の誕生）であろう。もっとも、フーコーの場合、人々を教育と監視によって規律化するパノプティコン（全展望監視システム）社会での現象のことであるが。

優位に立つものは抑え込まれ、一切のものは一夜のうちに平板化（Abflachung）され、なじみのものとされ、苦労して戦いとられたものは手ごろなものとなり、あらゆる秘密はその力を喪失する。平均性への気遣いは、現存在その本質から有する傾向であり、それをハイデガーは「一切の存在可能性の均等化（Einebnung）」と名づけている。

間隔を保つこと、平均的なあり方であること、均等化することは、ひとの存在様式であって、ハイデガーが「公共性（Öffentlichkeit）」と呼ぶものを構成している。ハイデガーがこの語で示そうとしたのは、おそらく日本語の「世間」に相当するだろう。この「世間」とは、あらゆるものに誰にでも接近可能であり、誰にでも理解できるものとして現れ、またそのように現れることが求められている空間である。こうした性格を有する世間は、あらゆる物事についての解釈を規制し、その正当性を保持している。

さらにハイデガーは次のように語る。「〈ひと〉はいたるところに居あわせて(uberall dabei)いながら、現存在が決定を迫られるときには、すでにつねにすがたを消し、あらゆる判断や決定をあらかじめ与えて、そのときどきの現存在からその責任を免除してしまっている(nimmt es dem jeweiligen Dasein die Verantwortlichkeit)。…中略…〈ひと〉は、いともやすやすとすべてに責任を取るけれども、それは、何かを請けあう必要のある者はだれもいないからである。…中略…〈ひと〉はだれでもない者であり、…中略…すべての現存在は、そのつどつねにこのだれでもない者へと引きわたされて(ausgeliefert)しまっている」(前掲『存在と時間』筆者一部改)。直截的に言えば、「ひと」はすべての物事に責任を負う。しかし、実際には、何かに対して責任を負う人は誰もいないし、「ひとがそうしているから」しているにすぎない。したがって、とりあえず、「ひと」、「世間」に従っていれば、間違いないということになるだろう。

「ひと」はこのようにして、日常生活では、そのときどきの現存在の重荷を取り去り(entlastet)、楽をして気楽でいたいという現存在の性向に迎合しているのである。

日常生活における「ひと」は、間隔を保っていること、平均的なあり方、均等化すること、公共性(世間)、存在の重荷を取り去ること、迎合することという存在性格を有していることになる。ハイデガーによれば、この存在性格こそ現存在の変わらないあり方であり、共同存在としての現存在の存在の仕方である。そこでは、自分についても他人についても「自己」がまだ見いだされていないか、あるいは失われているだけである。つまり、ひとは「非本来性」という様式で存在している。その存在様式で現存在は、「実在性」が現存在に適合した存在であるならば、最も実在的な存在者（ens realissimum）なのである。このように、ハイデガーは、日常生活において、間隔を保ち、平均的で、均等化し、存在の重荷を取り去り、世間に迎合する存在こそ、実は現存在の実在的なあり方だという意味で、ens realissimumという表現を使っているのだが、カントの場合は前掲『純粋理性批判』の中で「神」を、先験的神学の視点からens realissimum「最も実在的な存在者」と考えるか、さもなければ自然的神学の立場から「（我々の心の）自然から得られた概念」によって「最高叡智者」と考えるか、二つのうちのいずれかであると論じている。つまり、カントはその語を「神」を論ずる場合に使っており、ハイデガーとは全く違う。

「ひと」の開示性のあり方

これまでも開示性について触れてきたと思うが、ここで改めてまず「自己開示」とはどういうことなのかを見てから、「ひと」の開示性のあり方へと議論を進めていきたい。人材マネジメント用語集の解説によると、自己開示とは、「自分自身に関する情報を、何の意図もなく、言語を介してありのままに伝えることを指して言う。しかし、実際には、本人が自分自身の姿を正確に認識していない場合や、受け手側の意図が入り、誤認する可能性もあるため、必ずしも一定の意図のもとで伝達できるとは限らないと言える。また自己開示には、返報性の現象があり、自己開示の受け手は、相手の開示した情報と同じ程度の情報を開示することがあるともいわれている。」となっている。この定義を基に、ハイデガーの、「ひと」の開示性のあり方を詳説していくことにしよう。

ハイデガーが「世間」と呼んでいるものは、まさに「ひと」の特殊な開示性を意味している。「ひと」の開示性とは、すでに指摘した通り、「ひと」に対して世界と己自身がどのように現れているかということである。その「ひと」の開示性のあり方を、彼は「空談（Gerade）」、「好奇心（Neugier）」、「曖昧さ（Zweideutigkeit）」の分析をとおして解説しようとする。

空談（おしゃべり）

ハイデガーは、語りを次のように言明している。「自分を言表する語りは「伝達（Mitteilung）」である。伝達が目指すのは、語られたものへと開示された存在に、聞く者を「参与（Teilnahme）」させることである」と。つまり、語りは、「伝達」であり、その伝達は「語りの〈何について〉へと根源的に理解しながら関わること」を聞く者と分かち合う（share）ことを目指している。もっと言えば、「伝達」においては、本来的にある存在者の現象が他者と共有されているということである。ところが、「空談」の場合には、「ひとは語られた存在者を理解するというよりも、すでにただ語られているものそのものだけを聞いている。語られているものそのものは理解され、〈なにについて〉はただおおまかに、なんとなく理解されるだけである。ひとはおなじことを思いなしている。言われたことをおなじ平均的なありかたにおいて共通に理解しているからである」(前掲『存在と時間』)。わかりやすく言えば、ひとは語りの主題となっているものが根本的に何であるかを深く考えもせず、語られていることだけを、他人と同じようなやり方で、世間的に、平均的にそれを理解しているにすぎない。要するに、うわべだけしか理解していないのである。例えば、ひとは、夏目漱石の『吾輩は猫である』を全く読んだこともないのに、それについてのあらすじを、テレビとか、友人の話からとか、ウィキペディアで調べたりして、その本の内容がわかったつもりになり話を合わせることができる。そこには真正な理解などは存在しない。「語って広め、真似て語る。ひとがそう言うからそうなのであり、そのように真似て語り、語って広めるという仕方で行われている。そこでは、地盤に立ったあり方が失われており、やがて全く地盤を失ったありよう(Bodenlosigkeit)に至る」(同書、筆者一部改)とハイデガーは言う。

現存在にとって、空談のこうした解釈のあり方は、その都度確定されている。多くのものを、私たちはそうした様式で見知るのであり、こうした平均的な了解を決して越え出ることがない。「現存在は日常的に解釈されたあり方のうちで育まれ、そこから脱け出ることはない。空談のうちに身を置いている現存在は、世界内存在として、世界との、共同現存在との、内存在そのものとの第一次的で根源的な存在関係から切断されて(abgeschnitten)いる」(同書)ということにほかならない。そこでは、そのときどきの現存在自身には、浮動の「不気味さ(Unheimlichkeit)」が隠され、現存在にはますます地盤が失われていく。

こうしたあり方の反面として、語りの主題となっている物事に対する根源的な存在関係もあるということになる。つまり、現存在に開示される物事には、それぞれに応じた関わり方があり、そうした関わり方をすれば、その物事は己の真正な姿を現存在に示してくれるという希望的側面が常にある。『存在と時間』の中では終始一貫して、存在者とのこのような根源的な関係が「本来性」であると考えられている。

好奇心

ハイデガーは、好奇心を分析する前にまず「見ること」はどういうことなのかを詳説している。「見ること」は現存在の根本的な関わり方であり、「見ること」は本質的に「好奇心」へと向かう傾向がある。アリストテレスによれば、すべての人間は本性からして見ることを欲し、人間の存在のうちには、その本質からして、見るはたらきへの気遣いが存している、ということである。この「見るはたらき」の優位性を、アウグスティヌスも前掲『告白』で情欲を解釈するにあたって注視していた。この「見るはたらき」という語を他の感覚に対しても使用することから、その優位性は見て取れる。例えば、私たちは、どのように輝くのか聞けとか、どのように照り映えるのかを味わえとかは語らない。私たちはこのような場合すべて、見よと言い、見られると語る。つまり、どのように響くかを見よ、どのように匂うかを見よ、どのような味がするかを見よ、どのくらい堅いかを見よ、などと語る。それゆえ、諸感覚の経験は総じて「目の欲情」と特徴づけられる。

ハイデガーによれば、世界内存在はさしあたり、配慮的に気遣われた世界の内に没入し、何事かにその都度「目配り」している。「好奇心」は、その何事かをするという仕事を休止することから生まれる。仕事をしているときの「目配り」はいわゆる「見る」ことによって導かれ、この場合の「見る」ということは、本質的に、隔たりを取り去って、何かを近づけるということである。その仕事の作業が終わったり、仕事を中断して休息したりするとき、気遣いは仕事から解放され（wird die Umsicht frei）、自由になった（freigeworden）「目配り」は配慮的に気遣って近づけるべき何ものも、もはや手元に有していない。「目配り」は身近に手もとにあるものから離れて、遠く異質な世界（ferne und fremde Welt）へと向かう傾向にある。「目配り」すなわち、「見る」ことは、本質的に何かを近づける（ハイデガーが存在論的に用いるいかにもハイデガー的な表現）ことなので、身近に手もとにあるものから逃れようとすることは、現存在が世界内存在者としての自分自身から免れようとすることになる。その場合、何かを了解するために「見る」のではなく、ただ見るために見ることを気遣う。このようなあり方の「見ること」が好奇心である。こうして好奇心は次から次へと新たなものに飛びつき、さらに新たなものを求めてやまない。好奇心が求めるのは、次々と飛びついていく落ち着きのなさと興奮（Unruhe und Aufregung）にほかならない。好奇心は留まることを知らず、絶えず気晴らしする可能性を配慮的に気遣っている。パスカルはこうした現存在のあり方を見事に言い表している。「人間というものは、どれほど悲しみに満ちていても、ひとが彼に気晴らしをさせ、何かに引き込みさえすれば、その間だけは幸福になる。また、どれほど幸福であっても、もし気晴らしができず、倦怠が広がるのを防ぐ何かの情念や楽しみによって充たされていなければ、やがて悲しくなり、不幸になるだろう」（前掲『パンセ』）。また、セネカの言葉を借りれば、「移り気で、あてどなくさまよい、自己への不満のくすぶる浮薄さに弄ばれ、これと決まった目的もないまま、何かを追い求めて次から次へと新たな計画を立てる者も多く、また、ある者は、進むべき道を決める確かな方針ももたず」（『生の短さについて　他二篇』大西英文訳、岩波文庫）ということになる。

曖昧性

ハイデガーは「日常的な共同相互存在にあって、誰にとっても接近可能で、誰もがそれについてあらゆることを語りうるようなものが出会われると、すぐに何かが真正な理解の仕方で開示されているのか、何が開示されていないのかが、決定不能となってしまう」（前掲『存在と時間』）と言い、このような様相を「曖昧性」と呼んでいる。つまり、「曖昧性」とは、誰にでも接近できるものとか、誰もが何とでも言えるようなものが現れると、何が真正に理解され、語られているか、何がそうでないかが決定できなくなってしまう、ということである。もっと簡単に言えば、「空談」で語られていることのうち、どれが本当でどれがほんとうでないのかがはっきりせずあいまいになってしまうことである。ハイデガーはさらにこう付け加える。共同相互存在としてのあいまいさとは、誰が物事の根源的な関係に基づいて発言していて、誰がそうでないのかがわからない状態である。一切のものが真正に理解され、摑み取られ、語られているように見えるにもかかわらず、根本的にはそうではない。あるいは、真正に理解され、摑み取られ、語られていないようには見えなくても、本当はそうである、という様態である。また、現存在の存在としてのあいまいさとは、自分が本当に了解しているものが何であるのかがわからなくなるという様態のことである。現存在がある事柄に関して、まるで自分が当事者でもあるかのように語り振る舞い、また自分自身もそう思い込んではいるものの、実のところ、そうではないという事態である。つまり、現存在は物事に対する当事者性を見失ってしまっているのである。

この「あいまいさ」が「好奇心」を培い、「空談」にはそれが決定的なものであるかのような「見せかけ（Schein）」を与える。そうなると、「『ひと』としての共同相互存在は、緊張して、あいまいな仕方で互いに注意し合い、ひそかに互いに聞き耳を立て合い、互いのためにという仮面の下で、互いについて敵対が演じられる」（同書）ようになると、ハイデガーは敷衍している。こうした状態の描写を、パスカルは『パンセ』の中で印象的に次のように表現している。「人間どうしの間に存在する結合は、騙し合いのうえに築かれたものにすぎない」と。

頽落の特徴

空談、好奇心およびあいまいさという現象は、相互に連関しながら現存在の開示性のあり方を構成している。この三つの現象が露呈する「日常性の根本的な存在のあり方」が「現存在の頽落」と名づけられる。

ハイデガーによれば、この頽落とは「現存在がさしあたりたいていは配慮的に気遣われた「世界」のもとで（bei der besorgten „Welt“）「本来的な〈自己で在りうること〉（Selbstseinkonnen）としての自分自身から常にすでに滑り落ちている」ということである。この頽落したあり方（Verfallenheit）は、空談、好奇心、あいまいさによって導かれた「共同相互存在」のうちに没入していることにほかならないと主張し、「（この）現存在の頽落したあり方は、根源的状態からの堕落などではない」と念を押す。こう指摘するときに、彼が念頭に置いているのはキリスト教の原罪説であるが、キリスト教の原罪説から宗教色を取り除いた考え方をしている。原罪説とは、すでに説明したように、アダムとイブが神から離反したことによりエデンの園から地上へと追放されることを指していう。それに対して、ハイデガーは、頽落において現存在は己自身から離反し、「ひと」の世界へと滑り落ちる、という考え方に切り替えている。

しかし、現存在はどうして本来的な〈自己で在りうること〉としての自分自身から滑り落ち（転落し）なければならないのだろうか、またどうして「ひと」はそのような頽落の状態に閉じ込められたままになってしまうのだろうか。

頽落の動性

「空談」が開示するのは、「地盤を失って浮遊（bodenloses Schweben）しながら、世界、他者、自分自身へと「理解しながら関わる存在」である。「好奇心」が開示するのは、ありとあらゆるもの（alles und jedes）でありながら、現存在をいたるところに居合わせ、またどこにも居合わせない（uberall und nirgendsist ist）。「あいまいさ」は、現存在に、本当に了解していることが何なのかをわからなくさせ、現存在をいたるところに居合わせ、いたるところに居合わせないという、根こそぎされたあり方に抑えつけておくことになる。

ハイデガーによれば、現存在とは、こうした様式で頽落への不断の誘惑を自分自身に対して準備しているうえに、世間的に解釈されたあり方によって、現存在は、頽落したあり方のうちで固定される。そうなると、「すべてを見て取り、一切を理解してしまっていることにより、現存在に『確実さ、真正さ、充実』を保証してくれている」（同書）という思い込みが生まれる。つまり、自分はこのあり方で大丈夫であるという揺るぎない確信によって、本来的な情態的理解など必要ないとする思いが生じるのである。すると、この思いが今度は現存在に「安心（Beruhigung）」をもたらす。こうして、頽落している現存在は、誘惑的であり、かつ安心を与える存在となるのである。

このような安心によって、頽落は静止状態にあるのではない。「誘惑的な安心によって頽落が昇進するのである」。頽落していることは、今や休止することがない。それどころか、現存在は押しとどめることのできない活動へと絶えず駆り立てられる。様々な文化、知識、人々、ありとあらゆる異質な文化とも接し、理解しようとし、その文化、知識と自らのものとを「総合」することで、現存在は自分自身についてすべて把握し、了解しているつもりだという思いなしが現れてくる。現存在は、「多面的な好奇心と落ち着きのない博識（ruheloses Alles-kennen）から、普遍的な現存在了解を有しているという錯覚が生じ、根本的には、何が理解されるべきであるのかが、規定されず、問われもしないままなのである」。こうして、現存在は、すべてを理解しながら、自分をあらゆるものと比較することで、かえって、「疎外（Entfremdung）」へと駆り立てられる。その疎外が、現存在をさらに非本来性へと追い込むのである（同書）。

そもそも「疎外」とは、デジタル大辞泉には「人間がみずから作り出した事物や社会関係・思想などが、逆に人間を支配するような疎遠な力として現出すること。また、その中での、人間が本来あるべき自己の本質を喪失した非人間的状態」とある。それを踏まえたうえで、ハイデガーの「疎外」という語の使い方をよく見てみると、まさにヘーゲル著・前掲『精神現象学』の「疎外された精神」のところで使われている「疎外」をモデルにしていると言わざるを得ない。ヘーゲルの自己疎外と自己形成の構造はヘーゲルの弁証法の基本構造であるが、その内容は以下のように要約できるだろう。「第一段階では、意識はまだ何も気づいていない、自然のままの姿である。自分のうちに矛盾が含まれているにも関わらず、それに気づかない。つまり、自己について自覚がない状態にある。第二段階になると、この矛盾を意識が自覚する段階である。『精神』が自己の存在に気づき、自己が否定され、疎外される自己を自覚する。有限的なものに目を奪われず、全体を眺めるようになる。第三段階では、第一段階と第二段階との間で相対していた二つの規定が止揚（Aufheben）され、統合の段階に向かう」と。これは、大雑把に言えば、非本来性から本来性へと向かうということだろう。もっとも、ハイデガーの場合、ヘーゲルの「精神」を「気遣い」、あるいは「良心の呼び声」と言い変え、「疎外」についてもっと詳細に説明しているが。

頽落の旋回運動

以上のような、誘惑、安心、疎外と連なる現象が、頽落の特殊なあり方を特徴づけている。このような現存在自身の存在に含まれる現存在の「動性」を、ハイデガーは「転落（Absturz）」と呼ぶ。現存在は「非本来的な日常性」、「地盤が失われたあり方」へと転落するのである。本来性から不断に引き離され、しかも同時に自分は本来的であると常に思い込まされる頽落の動性を、ハイデガーは「旋回運動（Wirbel）」（Wirbel は本来「渦巻き」の意味）と名づけている。ハイデガーが「旋回運動」という表現を使うのは、現存在の本来性からの切り離しが一回限りのことではなく、存在する限り、現存在は常に自分の本来性の可能性に対峙しなければならないだけでなく、そこからの逃避も際限なく、病的に何度も繰り返すことにならざるをえないからである。

ニーチェの永遠回帰

ところで、この「旋回運動」という用語は、ニーチェの思想の根幹となる「永遠回帰」からヒントを得たものと考えられる。そのニーチェの「永遠回帰」とはどんなものなのか見ておきたい。このニーチェの思想が登場するのは「悦ばしき知識」（信太正三訳『ニーチェ全集8』ちくま学芸文庫）の中であるが、「永遠回帰」は『ツァラトストラかく語りき』（竹山道雄訳、新潮文庫）第二部と第三部の中心思想にもなっている。先ずは『悦ばしき知識』の中の「最大の重し」の文章を見てみよう。「もしある日、もしくはある夜なり、デーモンが君の寂寥きわまる孤独の果てまで密かに後をつけ、こう君に告げたとしたら、どうだろう、『お前が現に生き、また生きてきたこの人生を、いま一度、否さらに無数度にわたって、お前は生きねばならぬだろう。そこに新たな何ものもなく、あらゆる苦痛とあらゆる快楽、あらゆる思想と嘆息、お前の人生の言い尽くせぬ巨細のことども一切が、お前の身に回帰しなければならぬ。しかも何から何までことごとく同じ順序と脈絡にしたがって、この蜘蛛も、樹間の月光も、またこの瞬間も、この自己自身も、同じように回帰せねばならぬ。存在の永遠の砂時計は、繰り返し繰り返し巻き戻される。それとともに塵の塵であるお前も同じく！』これを耳にしたとき、君は地に身を投げ出し、歯ぎしりして、こう告げたデーモンを呪わないだろうか？…中略…もしこの思想が君を圧倒したなら、それは現在あるがままの君自身を変化させ、おそらくは粉砕するであろう。何事をするにつけても必ず、『お前は、このことを、今一度、否無数度にわたって、欲するか？』という問いが、最大の重しとなって君の行為にのしかかるであろう！　もしくは、この究極の永遠な裏書きと確証とのほかにはもはや何ものをも欲しないためには、どれほど君は自己自身と人生とを愛惜しなければならないだろうか？」とある。

人生のあらゆるものが、自分が忘れてしまいたい過去も、そっくりそのまま永遠に戻ってくることが「永遠回帰」であるが、その思想は君を打ち砕くかもしれないとニーチェは言う。極貧で劣悪な家庭環境に生まれ育ち、だからこそ、幸せな家庭を夢見て頑張ってきた人がいても、その極貧で劣悪な家庭が再び巡ってくることになる。「あんな過去などなかったことにしたい」と思い、必死に頑張っている人なら絶望してしまうだろう。そんな永遠回帰の思想を受け入れることなど、果たしてできるのであろうか。ニーチェは、永遠回帰を受け入れることができるかどうかが、人間を弱者と強者に分ける肝心な点だと考えた。永遠回帰を受け入れられる人こそが強者であり「超人」になりうるというわけである。

『ツァラトストラかく語りき』の第三部では、主人公ツァラトストラが生物との対話で生物が「すべては行き、すべては還りきたる。存在の車輪は永遠に廻転する。すべては死に、すべてはふたたび花咲く。存在の年暦は永遠に経過する。……」と語るシーンがある。これはまさしく仏教でいうところの「輪廻転生」ではないだろうか。また、同じく第三部で、「かしこにあっては、一切の時間は瞬間に対する幸ある哄笑と思われた。かしこにあっては、必然性はすなわち自由であり、自由の刺を手にしてたのしげに戯るる、と思われた」とツァラトストラは語る。つまり、〈すべての瞬間は永劫に回帰するから、瞬間をただ瞬間として考えるのは、愚かしいことである。永劫にわたって必然的に回帰するものを進んで肯定することこそ、自由の意志である。この必然的なものはこの危険最大なる取捨を人間に任す〉ということである。

主人公ツァラトストラですら、一人山にこもり、洞窟の中で、この永遠回帰の思想を受け入れられずに苦しみ、病気になり七日間も死んだような状態になる。その描写は、この永遠回帰の思想がいかに恐ろしく受け入れがたいものであるかということを物語っている。しかし、最終的には、ツァラトストラはそれを受け入れ、永遠回帰を自分のものにして、七日後に回復するのである。

そんな受け入れがたい「永遠回帰」の思想でニーチェが訴えたかったのはなんであろうか。ここに二つの解釈がある。一つは、ドイツの哲学者で社会学者でもあるゲオルク・ジンメル『社会学の根本問題個人と社会』（清水幾多郎訳、岩波文庫）の解釈である。「何事をするにつけても必ず、無数度にわたって、欲するか」というところを、生きる上での重要なアドバイスとして解釈する。「たとえ無限に繰返されようとも、決して後悔せず、自分が一番納得のできることをせよ」と捉えるのである。もう一つは、「人生の中でたった一度でも、素晴らしい「悦び」があれば、その人生を肯定し、その人生を何度でも繰り返すことができるのではないか」という解釈の仕方である。ドストエフスキーの『カラマーゾフの兄弟　下』（原卓也訳、新潮文庫）のエピローグで、アリョーシャは「何か美しい神聖な思い出こそ、おそらく、最良の教育にほかならないのです。そういう思い出をたくさん集めて人生を作りあげるなら、その人はその後一生、救われるでしょう。そして、たった一つしかすばらしい思い出が心に残らなかったとしても、それがいつの日か僕たちの救いに役立ちうるのです」と語っている。

ニーチェの場合、ルー・ザロメとの恋は成就しなかったものの、ルー・ザロメとパウル・レーとの三人での共同生活が魂のふるえるような「悦び」だったと言われている。おそらく、彼女と語り合った「悦び」を宝に生きていこうと、ニーチェは決意したのかもしれない。

第四章　現存在の存在と死

頽落の宗教的背景

ハイデガーは、頽落という現象が現存在の本質的で存在論的な構造であると強調し、頽落の構造について詳細に記述してきた。このような彼の頽落の記述は、現存在の日常的、一般的構造を明らかにするものであった。すでに指摘したように、彼の頽落論の発想が原罪説に基づいていることはいなめない。そこで、ハイデガーの頽落、非本来性に関する議論をより明確にするために、ここで再び頽落論の宗教的な背景に触れておこう。

ハイデガーは、頽落を「世界への没入」と称し、現存在者が世界の所有に固執する姿勢だと見なしている。具体的に言うと、現存在の「獲得」、「所有」、「調達」、及びその増大を「気遣う」姿勢であると特徴づけている。そうであれば、現存在の本来性は、当然、あらゆる世界的な獲得と所有を放棄することから生まれることになる。したがって、本来性とは所有や獲得が自分の本質をなすものではないということを自覚し、そのような所有や獲得を放棄することとなる。これにより、逆説的に次のようなことが云えるのではないか。現存在が本来的な存在になるには、その前提として先ずあらかじめ頽落していなければならないということである。つまり、現存在はすべての世界的な所有と獲得を放棄できるという可能性があって、その前にはあらかじめ先ず「己を失っていなければならない」ということである。

イエスの説いた「悪人こそ救われる」の教えや、親鸞の教えをまとめた唯円の『歎異抄』の中の「悪人正機説〈善人なほもて往生をとぐ。いわんや悪人をや〉」〈善人でさえ浄土に往生することができる。ましてや悪人はいうまでもない〉という教訓と、偶然であるにせよ、繋がっているのは間違いない。親鸞の場合「悪人」とは、「煩悩を捨てられない人」という意味であることには注意を促したい。

ハイデガーの「世界の所有」すなわち、「獲得」や「所有」、ならびにその増大に固執することをやめることで、本来性へと向かうことに関しては、パウロがキリストの再臨に臨む心がけとして、語った言葉に依拠しているようである。パウロは『第一コリント書』第七章で「兄弟よ、われ之を言わん、時は縮れり。されば此れよりのち妻を有てる者は有たぬ如く、泣く者は泣かぬが如く、喜ぶ者は喜ばぬが如く、買う者は有たぬ如く、世を用ふる者は用ひ盡《つく》さぬが如くすべし。此の世の状態は過ぎ往くべければなり」と語りかけている。つまり、「兄弟たちよ、わたしの言うことを聞いてほしい。時は縮まっている。今からは妻のある者はないもののように、泣く者は泣かないもののように、喜ぶ者は喜ばない者のように、買う者は持たないもののように、世と交渉のある者は、それに深入りしないようにすべきである。なぜなら、この世の有様は過ぎ去るからである」と説いているのである。最後の部分「この世の有様は過ぎ去るからである」は、「この世の姿かたちなどというものは過ぎ去っていくものである」という意味である。また、「有たぬ如く」であれ「用い盡さぬが如く」であれ、パウロの説きたかったことは、世界における「意義あるもの」に対する関係がなくなってしまうわけではなく、そうしたものがあたかもないかのように気遣うことが肝心だということである。つまり、世界的な事物が己の生を第一次的に規定するものにならないように気遣え、ということであろう。

「この世の姿かたちは過ぎ去っていくものである」という考え方は、仏教の根本教理といわれる「般若心経」や「維摩経」にある「色即是空・空即是色」の教えに類似する。「色」は宇宙に存在するすべての形ある物質や現象を意味し、「空」は恒常な実体がないという意味である。言い換えれば以下のようになるだろう。形があって見えるものには、必ず形づくっている本質がある。その本質は見えない。その見えない本質のことを、科学的には「原子」と呼び、お釈迦さまは「空」と呼んだわけである。「原子」は見えない。その見えない「原子」が見えるすべてのものを生み出している。したがって、人間もありとあらゆるものも「空」であり、「原子」である。「原子」が分子化して様々な形に具現する。つまり、「空」が様々な「色」に具現化したのである。その「空」も「原子」も生命の別名だとすれば、このような表現の世界は物質の世界であり、生命の世界（空の世界）でもあるということである。その生命が様々な色を着けた形となって、表現の世界に出てきているが、その中身はみな同じ生命であるというわけである。さらに、「色あせる」という言葉のように、「色」すなわち「形あるもの」はすべて消えて無くなってしまうものだから、「色」すなわち「物質」は実在するものではないということになるだろう。

以上のように、ハイデガーの頽落論には、キリスト教的背景があることを窺い知ることになった。また、ハイデガーが苦労して考え出した頽落ないしは非本来性から本来性という様態は仏教の根本的な教理のでもあると推察できるであろう。

現存在の全体性と「死」

ハイデガーがそもそも『存在と時間』で求めようとしたのは、「存在一般の意味」を明らかにすることであった。その「存在の意味」を明らかにするということは、現存在が存在をどのように了解しているかを明示することにほかならない。しかし、存在は必ずしも本来的なあり方で了解されているわけではない。現存在の日常的なあり方は、様々な存在者の存在を誰にでも理解できる標準的な了解をしているにすぎない。真なる「存在」は隠蔽されたままである。それ故、根源的で本来的な「存在」の意味を明らかにするためには、現存在の本来的なあり方を明示することが必要となる。現存在の根源的で本来的なあり方を明示するには、先ず、現存在の「全体性」と「死」を明らかにし、それから「本来性」へと向かうことにする。

これに関してSF作家の小松左京は興味深いことを言っている。死を意識してこそ、生の全体性から生の本来性へ向かうことができるということを直接言っているのではないが、全く関連がないわけではないので、ここに引用しておきたい。小松は、「拝啓イワン・エフレーモフ様」(『日本SF論争史』巽孝之編、勁草書房)の中で、なぜSFは人類や国家の滅亡を好んで描くのかという問いかけに、「破局を設定することによって、はじめて人間が、人類が、そのモラルが、社会構造や文明や歴史が、いわばこの世界が、総体として問題にされるのです。世界がその全貌をわれわれの前に現すのは、それが総体的に否定される時であり、破局の仮定は、単純でしかも力強い否定の様式の一つにちがいありません」と述べている。左京は、ＳＦを通し、現代社会において我々が自分の内面性とあまりにも甘い対話を続けているのに対して、単純で荒々しい破局の姿を突きつけることで、現代人に本来の自分とは何かを考えてほしいと思ったのではないだろうか。

ハイデガーの「死」の定義

ハイデガーが「死」の特徴として挙げているのは、死のもつ「確実性」と「未規定性」である。「死の確実性」とは、他者が日々死んでいくのを見聞きしたことに基づいて、「自分もいずれは死ぬだろう」と確信するときに理解されるような確実性ではない。現存在は「自分もいずれは死ぬ」と思っていても、さしあたり自分はまだ死ぬことはないだろうと確信し、そう思うことで自分自身の真の死の確実性からは逃避している。

「まだ自分は死なない」と自分自身が思い込んでいるときには、死はどんなときにもどこであっても起こりうるという可能性を現存在は隠蔽してしまっている。死とは何よりもまず、確実なものという固有の性格を有しているだけでなく、いつ訪れるかわからないという「未規定性」をも有している。にもかかわらず、現存在は自分が死ぬということはまださしあたりないのだから、まだ色々なことができるだろうと思うことで、自分を死から遠ざけ、その「未規定性」も隠蔽しようとするのである。

現存在の「全体性」

これまでの現存在の解釈は現存在の「全体性」を視界に収めるものではなかった。これまで分析してきたのは、現存在の非本来的な存在、すなわち全体的ではない現存在にすぎない。したがって、現存在の存在解釈は、現存在をその全体性と本来性を問題とするものでなければならない、とハイデガーは言う。

ハイデガーが言うには、現存在が存在している限り、「その現存在は未済（Ausstand）を含んでいる。未済とは、現存在はなにか『或るもの』になれるかもしれないし、そうなれる存在なのだが、そのなにかというのは、現存在が存在している限り、まだ済んでいないこと、すなわち未完であることを意味している」（前掲『存在と時間』）。言い換えれば、現存在にとっては、現存在自身の存在可能として、あるものになれるかもしれないのに、なお実現化されていないものがあり、それが未済となっているということである。しかし、この未済には「終わり」そのものが属している。「世界内存在の終わり」、すなわち「死（Tod）」という可能性が付き纏っているのである。

ちなみに、この「或るもの」という言い方をハイデガーはかなり頻繁に使っていることに触れておきたい。この表現はニーチェの前掲『ツァラトストラかく語りき』にも多く出てくる。「ツァラトストラかく語りき」の中にはこうある。「ツァラトストラは群衆に向かってかく語った。われなんじに超人を教う。人間は克服せらるべき或る物である」と。また、この「人間は克服せらるべき或る物」という表現は、後に述べる、ハイデガーの「非本来性から本来性へと向かう」存在と無関係ではないだろう。

ともあれ、現存在の存在は「死」をもって完結するわけだから、この「死」こそが現存在の全体を境界づけることになる。そうだとすると、現存在は、存在する限り、常に未完結で在り続けることになり、その「全体」には決して到達できない。というのも、もし仮に全体に到達したということにでもなれば、それは取りも直さず、「世界内存在の終わり」つまり、「死」ということであり、現存在はもはや存在者として「全体」を経験することが不可能になってしまうからである。つまり、現存在は、生きている限り、生きている間は、現存在の可能性のうちにある「死」を実現することは不可能であり、自分の「全体性」には決して到達することはできないのである。また逆に、死んでしまったときには、現存在自体が死んでしまっている以上、やはり「全体」に到達することはできないということになる。

普通に考えれば確かにそうではあるが、しかし、ハイデガーは、現存在の根本体制である「気遣い」に言及し、「気遣い」こそが現存在の構造全体の全体性をかたちづくるものである、と指摘する。つまり、現存在の全体性は、「気遣い」という視点から見直さなければならないと言うのである。「気遣い」の本質には、「自分に先立って」が属していた。ハイデガーは、現存在とは生まれたときからすでに死にうる存在であることに注目し、生きていることは死にうることであり、「死ぬことは、現存在がその死にかかわりながら存在している存在様式（die Seinsweise in der Das Dasein zu seinem Tode ist）である」（『存在と時間』筆者訳）と規定する。トーマス・マンの『魔の山』（高橋義孝訳、新潮文庫）の中の言葉を借りれば「死の経験はつまるところ生の経験でなければならない、さもなくば死の経験というものは仮幻にすぎない」ということだろう。そして、「気遣い」は「自分に先立って」現存在全体に行き渡っているわけだから、現存在とは、その「気遣い」が、現存在の未済というあり方、即ち、不断の未完結性、果物に例えるなら「熟しながらなお未熟である」という状態にそのつど気遣い、常に絶えず「終わりへと関わる存在」、つまり、「死へと関わる存在（Sein zum Tode）」ということになる。言い換えれば、生きているということ自体が、もうすでに常に死とのかかわりそのものであるということである。

現存在の死

このように、死は、死んだときにはじめて関わりをもつものではなく、生きているうちからすでに各自のあり方を何らかのかたちで規定している。そうなると、我々は生きているうちから死に関わっているのだから、そうした死にどのように向き合っていくかが、我々の生き方の質を決めることになるのである。

例えば、ガンなどの重い病気にかかって、余命数ヵ月の宣告を受けた人がいるとしよう。その人はその宣告にショックを受け、よりにもよって自分だけがどうしてこんな目に遭うのかと自分の人生の悲運を呪ったり、後に残される家族のことを思ったり、悲嘆にくれたり、どうすればよいか考えたりする。その人にとっては、死は、死んだときに訪れるものではない。生きているうちから自分のあり方を規定するものである。その人はそのような形で「死へと関わる存在」を生きているのである。黒澤明監督の『生きる』という映画では、主人公がガンに侵され余命いくばくもないと宣告される。主人公は最初のうちその宣告に動揺したり、悲嘆にくれたりするが、そのうち気を紛らわすために道楽にふける。やがて、何か役立つことをやり遂げて死にたいとおもうようになり、懸案だった子供のための公園づくりに励む。様々な妨害と障害があったにもかかわらず、ついにやり遂げ、最後には、公園のベンチでブランコに揺られながら、ゴンドラの歌を歌いつつ、笑みを浮かべて静かに死んでいった、という映画である。現存在は、死に至ってはじめて死と関わりをもつのではなく、生きているときから常に死と関わり続けている典型的な例ではないだろうか。

こうしたことは、死が迫った人にしか当てはまらない話だと思われるかもしれない。しかし、我々は、余命数ヵ月というような宣告を受けなくとも、いつでも死ぬ可能性のある存在である。その意味で、我々は『生きる』の主人公と異なった立場にあるわけではない。

重い病気にかかっていなくても、年を重ねていくと、我々はふとこう思うときがあるだろう。「自分は何をやっているのだろう。死ぬまでこのままなのだろうか。それでいいのだろうか。何か自分のために、いや誰かのためにできることがあるのではないだろうか」と問いかけるときがないだろうか。そんなとき、死ぬまでに何かしておこうと思い立つ。これも、死と関わりを持ち続ける例ではないだろうか。

そうでなくても、「世界内存在の終わり」の世界内存在というのは、「世界のうちにある」ということであり、「世界のうちにある」ということは、我々がいついかなるときにも死ぬ可能性があるということである。より具体的に言えば、「世界のうちにある」ことは、我々が周りの道具、他者、自然環境などに取り囲まれ、そういったものが様々な形で相互に連関しつつ、死をもたらす可能性を孕んでいる。地震や津波で突然命を奪われたり、暑さや寒さで体調を崩したりするというように、そうした周りの出来事により死の可能性に晒されているということになりかねないのである。

さらにまた、日頃よく使う言葉に「死ぬ気になってやってみたら」というのがある。この表現は、自分の身を案じて、本来やるべきことができないでいるときに、現在の状態から脱却するために、あるいは、将来へ向けて飛躍するために使われる。

要するに、我々は生きている間から、すでに死の可能性と何らかの形で関わっており、その可能性への関わり方が現在の自分のあり方を規定しているということである。まさにこの意味で、現存在は「死へと関わる存在」だということができる。

さし迫る死

ハイデガーは、「死」を「さし迫るもの」とも規定している。彼によれば、現存在にさし迫るものと言えば、雷雨、友人の来訪、旅行などいろいろあるが、「死」は現存在の最も固有な存在可能としてさし迫るものである。自分が死ぬときには、その死は明らかに他人の死ではなく自分の死であり、「もはや存在できなくなる」という可能性がさし迫り、他ならぬ自分自身の死とだけ向き合うことになる。死にあっては現存在は、他の現存在との関係は絶たれ、自分の死の可能性を追い越すこともできない。

要するに、ハイデガーは、死を「最も固有の、他から隔絶された、追い越すことのできない可能性」と規定する。死とは、このような可能性として現存在にさし迫ってくるものである。死がさし迫ってくることは、現存在の「自分に先だって」の気遣いを最も根源的な形で具現化する。別言すれば、死は常に「自分に先だった」ものとして自分にさし迫り、態度の決定をさし迫るものである。

ここで「先だって」の意味を遅ればせながら具体的に説明しておこう。例えば、イライラした気分になっていると、それは周りが気にくわない状況であることや、苛立っている自分がいることに気づくだろう。そして、その苛立った気分は、イライラしようと思ってなったのではなく、気がついたらすでにもうそうなっていたわけだ。要するに、気分は人間の意志や自由を超え、自分がすでにある状況に投げ出されていること（被投性）を示している。気分は判断や行為に「先だって」それを規定し、人間の実存の根拠となっているのである。

他者の死

ハイデガーは、現存在の死は他人の死をもって分析できるものであろうかと問う。他者たちにとっても、死とは、世界内に存在しないことであり、世界の外へと立ち去ることである。他者の死であっても、他者についてなお留まり続けているものは、勿論単なる物体ではない。生命をもたない物質以上のものである。それゆえ、故人は単なる死者というのではなく、葬式、埋葬、墓参という仕方で配慮的な気遣いの対象となる。それだけではない。「遺族が哀悼と追憶の念とともに故人のもとで佇むとき、遺族は敬虔的で顧慮的な気遣いという様態で故人とともに存在している」（前掲『存在と時間』）とハイデガーは言う。他者の死であっても、やはり現存在の根本体制「気遣い」が気遣われている。ちなみに、他者の死に関しては、ヘーゲルも「葬儀という儀式は、死者を生きた思い出に変え、生き残った者たちが思い出と祈りによって死者と関係をもつことを可能にする」（前掲『精神現象学』）と論じている。自分の死でなく他者の死に対する現存在の態度に関して、このようなハイデガーの解釈の仕方にはキリスト教的人間観が示されているような気がする。ラザロの復活を例にとってみよう。『ヨハネによる福音書』第一一章にラザロを生き返らせるシーンが語られている。イエスは「ラザロは眠っているだけです」と言い、墓へ行き、「石をどけなさい」と指示し、死後四日も経っているにもかかわらず、「ラザロ、出てきなさい」と叫ぶ。すると、ラザロが生き返って出てくるというシーンである。このような奇跡をイエスが実際に起こしたのかどうかについての議論は多岐にわたる。しかし、生き返ったというよりもむしろ、こう考えたい。たとえその人が亡くなっても、その人は遺族の心の中にいつまでも生き続けるのではないか。目を閉じても閉じなくてもその人はその都度そこにまるで存在しているかのように存在しているのではないか、いつでも寄り添っているのではないか、と。イエスはそう言いたかったのではないかと。ハイデガーも、他者の死について、「気遣い」という言葉で、そう解釈したのではないだろうか。

それについてもう一つ参考までに触れておきたい。アフリカのある民族には興味深い言い伝えがある。「人の記憶から消えた時が本当の死である」という「死」の考え方である。つまり、人の死は命を失ったら終わりではなく、人の記憶から消えたときが本当の死であり、誰かがその人のことを（時にはその人の志を継いで）覚えている限り生き続けるというものである。詩人永六輔は「人間は二度死ぬ。一度は死んだとき、二度目は記憶から消えたとき」と語っていた。

死は、他者の死であっても気にかかるものである。ましてや身内の死ともなればなおさらである。例えば、愛する人の重病に接して「できればかわってやりたい」などという言葉を時おり耳にするのだけれども、現存在の全体性を形づくる死ぬこと（Sterben）だけは、決して代理可能ではない。他者の代わりに他者のために死ぬことで、決して他者から死を取り除くことはではない。死ぬことはそれぞれの現存在が自分で引き受けざるを得ない固有の存在可能性なのである。

第五章　『存在と時間』の宗教的背景

アリストテレスの「ヘクシス」（状態）

ハイデガーによれば、決意性というあり方を取るとき、現存在は自分固有の状況に直面させられるとされていたが、この原型はアリストテレス倫理学の解釈の中に見られる。

アリストテレスは、前掲『ニコマコス倫理学』の第二巻第六章の中で、「徳（アレテー）とはヘクシス『状態』である」と述べ、「人間のアレテーとは、ひとをしてよき人間たらしめるような、すなわち、ひとをしてその独自の『機能』をよく展開せしめるであろうような、そうした『状態』でなくてはならない」と論じている。

また、第二巻第一章〜第六巻第二章にかけてアリストテレスが主張していることをヘクシスを中心にまとめると、ヘクシスとは、一定の性質の行為が習慣によって反復されて成立した魂の持続状態であり、それが我々を正しい「選択」ができるように方向づけてくれる最善の「状態」ということになる。

ハイデガーは、このヘクシスを、「あることに対して心構えをもつこと」と捉えなおし、自分の状況において自分の問題に対して、どんなことがあっても踏みとどまり、その持ち場を離れないことであると特徴づける。つまり、本来的存在としてのヘクシスは、自分固有の状況において適切な瞬間を見定めて行為しようとする心構えだと解釈し直している。この場合、ハイデガーは、アリストテレスと同様に、倫理的行為を一般的規範の適用として捉えず、各自の固有の状況の中で、行為の「瞬間」を摑み取る心構えとしての「状態」を問題にしている。というのも、一般的な規範によって現存在のあり方を規制しようとすることは、そのつど固有な状況のうちに自分を見いだすという現存在のあり方にそぐわない考え方になるからである。

クロノスとカイロス（瞬間）

ハイデガーは本来的存在としてのヘクシスを自分固有の状況において適切な行為の瞬間を摑み取る構えだと解釈したが、この「瞬間」とはどのようなものかを見ておこう。

クロノス

ギリシア語ではクロノスもカイロスもどちらも「時」を表す言葉であるが、この二つには重要な違いがある。ギリシア神話でのクロノスは、大地と農耕の神で、白く長い髭をはやし頭ははげ、左手に杖、右手には鎌を持った姿として彫刻されている。その右手の鎌ですべてを刈り取っしまうということから、時の流れがすべてを滅ぼし消し去るというイメージがあった。神話時代が終わり自然哲学の時代に入り、ギリシア哲学が本格的に開花してからも、クロノスは、一般的に流れ去る時間、流れ消える時間として定着していた。一定方向に流れゆく時間、取り返しのつかない時間、直線運動をする時間、物理的時間であり量的に計測可能な時間、記憶の中にしかない時間、哲学的にその意味も目的もわからないまま進んでゆく時間、機械的にじわじわと迫ってくる時間がクロノスの際立った特徴である。

カイロス

クロノスの一様な流れを断つ「瞬間」をカイロスとして学問的用語に最初に用いたのは、神学者パウル・ティリッヒである。ティリッヒは、永遠が時間の中に突入してくる卓越した瞬間は、歴史の中で期待され、熟してくると考えた。『マルコ福音書』第一章一五の「時は満ちた。神の国は近づいた。悔い改めて福音を信ぜよ」の「時」はまさにこの意味でのカイロスであり、決断すべき運命的な瞬間であると言えよう。ハイデガーが『存在と時間』の第六八節で論じる「瞬間」はティリッヒの「瞬間」を基盤にしていることは間違いない。そこで「瞬間」はもともとどんなものだったかを振り返ることにする。

カイロスとは、ギリシア語で「機会」(チャンス)を意味する男性神で、最高神ゼウスの末子である。元々「刻む、切断する」という意味の動詞に由来している。前髪は長いが後頭部は禿げた美少年の姿で彫刻されており、両足には翼がついていたらしい。その彫刻から察するに、カイロスには前髪しかないということは、もし前髪をつかみ損ねたらその後に後ろ髪をつかみ直そうと試みてみても手遅れになるということを示している。つまり、カイロスをつかむ一瞬のタイミングを逃すと、二度とそのチャンスは訪れないという、一回限りの瞬間性を表している。また、両足の翼はカイロスのもつ空中浮遊性や浮気性を暗示している。つまり、カイロスとは予想不可能なものであり、神出鬼没な性質をもったものであると理解することができる。

カイロスには「正しい時」というもう一つ重要な意味がある。ギリシア神話によくあるように、その折々に人間は神の声を聞くために祭司や預言者に頼っていた。ソフォクレス作『オイディプス王』の悲劇物語は最も有名な例である。テーバイの王がデルポイの神殿で、我が子の運命を尋ねると、我が子が自分を殺し自分の妻を娶ることになると聞いて、その子を殺すようにと命令するが、命令された羊飼いは赤ん坊を殺せず、子のいないコリントス王家に預けることになり、何も知らず育ったオイディプスは結局予言どおり実の父を殺し、実の母親と交わることになってしまうのである。あるいはまた蒔種、収穫、婚礼、戦争を始めるときには、人々は神の声、天の声を聞こうと努めてきた。いずれにしても、瞬間とはチャンスの意味であれ、正しい時の意味であれ、本質的に宗教性が色濃く出ている。

カイロス像とカイロスの語源「刻む、切断する」から、「永遠なるものがこの世と触れ合うとき、この世の時間が一瞬切断される」というイメージを浮かべることができるのではないだろうか。この切断面はまさにユークリッド幾何学的には場所をもたない、あくまでも時間性に属するものである。空間概念を飛び越えて流れていく時間系列の中の、わずか一瞬の中に存在するものだと言えるだろう。

キェルケゴールの時間と永遠—瞬間

新約聖書の中でパウロは、この世は「忽ち瞬く間に」過ぎゆくものであろうと語っているが、これにより彼は瞬間が永遠と同質的なものであることを表している。また、神学者パウル・ティリッヒが「瞬間」という概念を学問用語として定立したことはすでに指摘した。この二人の影響があったことは間違いないが、ハイデガーに最も大きな影響を及ぼしたのはキェルケゴールであろう。ハイデガーが第一部第二篇第四章第六八節からキーワードとしている「瞬間」も「想起」も「反復」もキェルケゴール主著『不安の概念』の第三章をベースにしているようだ。そこでまず、キェルケゴールがそもそも時間、永遠と「瞬間」をどのようなものとして捉えていたのかを概観し、それから、「想起」や「反復」の概念がどのように使われていたのかを見てみよう。

キェルケゴールは、前掲『不安の概念』第三章の比較的最初の方にこう言っている。「さて人間は霊と肉との綜合であった、ところでそれは同時に時間的なるものと永遠的なるものとの綜合なのである」と。こう述べておいて、彼はまず時間的なものがどういうものであるかを考察する。

我々はたいてい時間を現在、過去、未来というように区分して考えがちであるが、キェルケゴールはそれを正しくないと言う。「もしひとが時間の無限な継起のなかに分割を基礎づけうる或る確固たる視点を、即ち或る現在的なものを、見いだしうるとするならば、かかる区分は全く正当なものでありうるであろう。だがそれぞれの刹那もさらにはまたそれらの刹那の集合もともに過程であり過ぎ去りゆくものなのであるから、いかなる刹那もほんとうの意味では現在的ではないのであり、その限り時間のうちには現在も過去も未来も存在しないのである」。言い換えればこうである。時間は無限の連続であり、ただ過ぎ去るものである。この連続を区分するには、時間の中に足がかりとなるもの、つまり視点を置かなければならない。それができなければ、時間を区分することはできない。それ故、そのような点を置かないで時間を区別することを、キェルケゴールは「或る刹那をひきのばしている」だけだと見なす。足がかりとなる点を置くことができない限り、現在的なものは「無限に消えゆく、無限に無内容なもの」でしかない。

これに対して永遠がどのようなものかを次のように述べている。「永遠的なるものは現在的なるものである。永遠的なるもの・現在的なるものは止揚された継起として考えられる（時間は過ぎ去りゆくところの継起であった）。表象にとっては永遠なるものとはその場から動くことのない前進である。なぜというに永遠的なものは表象にとっては無限に内容の豊かな現在的なるものだからである。永遠なるものにおいてもまた過去的なるものと未来的なるものとの区別は見いだされない、なぜというに現在的なるものはいまや止揚された継起として措定されているからである」（同書）と。言い換えればこうである。永遠なるものは決して時間的なものの中で考えることはできない。したがって、永遠なるものにとって過去なるものや未来なるものという区別を考えることはできない。永遠的なるものは過ぎ去ることはなく、その場から動くということもない。そのため永遠的なるものは、より高い次元で統一され、全体の中に組み込まれた連続として現在的なるものである。

キェルケゴールは、このように、時間的なものと永遠なるものが相反することを示し、この両者を結びつけるのが「瞬間（Augenblick）」であると指摘する。そこで次に、通俗的な瞬間と、キェルケゴールの言う「瞬間」を比較考察してみたい。

通俗的瞬間とキェルケゴールの瞬間

通俗的瞬間は過ぎ去った時間のある断片を取り出し、それを瞬間という。過ぎ去ったものによって時間を規定している。これが現在的なものと言えるはずがない。また、通俗的瞬間は時間的なものの中でのみ考えられているだけである。したがって、そこでは本当に永遠的なものなどなく、永遠的なものや現在的なものを時間の中に抽象的に見いだしているにすぎない。それに対してキェルケゴールの瞬間は、時間の中で時間と永遠が相互に触れ合い、永遠的なものが実際に時間の中に現れるというものでなければならない。そしてその瞬間は充実したものであり、時間に充実をもたらすものである。

その瞬間は宇宙の創造の瞬間と永遠の広がりのようなものだろう。宇宙は無から生じた超高密度のエネルギーの点から始まり、一瞬のうちに光速を超える速さで膨張し、その膨張は加速し今もなお続いていると言う。まさにこの一瞬こそキェルケゴールの「瞬間」に近いのではないだろうか。また、すでに指摘したように、パウロが「この世は『忽ち瞬く間に』過ぎ行くであろうと語っている、永遠と同質の「瞬間」であろう。

ともあれ、その瞬間とはそこにおいて時間と永遠が互いに触れ合うものである。これによって時間性(Zeitlichkeit)の概念が措定せられる。即ち時間性において時間はたえず永遠をもぎとり、永遠はたえず時間に浸透するのである。ここではじめて前述の、現在的時間・過去的時間・未来的時間という区分はその意義を獲得することになる。この瞬間により、時間の中に永遠が浸透してくる。これによりはじめて、時間の中に永遠を、現在的なものを置くことが可能となる。要するに、瞬間が時間の中の足場となっているのである。このときの時間はもはや無限に無内容な連続ではなく、内容豊かで充実した時間性として捉えられることになる。

ギリシアやユダヤにおける時間と永遠の関わり

キェルケゴールによれば、ギリシア、ユダヤ、キリスト教、いずれにも永遠的なものを時間の中に捉えはするが、その捉え方は異なっているという。ギリシア、ユダヤは時間と永遠を正しくとらえてはおらず、キリスト教だけが時間と永遠を正しくとらえているというのである。

キェルケゴールは、まずギリシアに関しては、時間と永遠を結びつけているものは想起だと考え、次のように述べている。「もしもギリシア人の生活が一般に時間の或る規定を提示しているものとするならば、それは過去的なるものを表現している、――但しそれは現在的なるものと未来的なるものとの関係において規定せられるであろうようなものとしての過去的なるものなのではなく、専ら過ぎ去りゆくこととしてのみ把握されたものとしての、即ち時間規定一般という意味をもったものとしての過去的なるものの謂である。ここにプラトン的な想起がその意義を顕わにすることになる。ギリシア人の永遠は過去的なるものとして彼の背後に存している、彼はただ背進を通じてのみそこに到達しうるのである」(前掲『不安の概念』)。

この想起説の思想の萌芽は『メノン』(プラトン著、藤沢令夫訳、岩波文庫)に見られる。プラトンはその中でソクラテスにこう語らせている。「探求し学ぶということは、魂が生前に得た知識を想起することである」と。つまり、人間の魂は不死であり、人間として生まれてくる前にすでに、我々はあらゆることを学んでしまっている。だから、我々は自分が全く知らないことを学ぶというのではなく、実は、「学ぶ」とか「探求する」というも、すでに獲得していても忘れていた知識を思い起こすこと（アナムネーシス）にほかならないということである。その後、この想起説は『パイドン』と『パイドロス』おいても取り上げられると、想起される対象は「美そのもの」「善そのもの」といったイデア的真実在があるということと、人間の魂が生前にも存在していたということ、この二つが確認されることになる。

想起説の場合には、イデアつまり何らかの完全性や真実性を過去にあったものとして設定し、それを思い起こすというものである。その完全性や真実性が永遠的なものというわけである。ギリシアにおいては、永遠はかつてあったものであり、背後にあるものである。時間の中で永遠に達するには、それを思い起こすしかない。それ故、ギリシアには時間と永遠が触れ合うという意味での瞬間がない。瞬間がないということは、時間を内容豊かで充実したものとしては捉えられないということになる。

次にユダヤにおいての時間と永遠のかかわりに関して、キェルケゴールは「瞬間は措定せられるが、但しそれが単に境界としてである場合には、未来的なるものが永遠的なるものである」（前掲『不安の概念』）と述べ、ユダヤ教の未来的なものは永遠的なものと把握されていると指摘する。キェルケゴールがそう述べるのはメシア思想にもとづいている。ユダヤ教では、永遠が時間と触れ合うものとしての瞬間が措定されているものの、その瞬間はいつか到来するもの、いつかは実現するものとして考えられている。つまり、メシアの到来が永遠的なものとして把持され、その到来のときが瞬間として考えられている。この瞬間はまだ実現されていないし、実現するのかどうかもわからない。この点で、ユダヤ的瞬間はただ思い描かれたものでしかなく、期待と同じく不安定で不確実であり、キェルケゴールが意味する瞬間とは異なるものであり、正しく時間や永遠を捉えてはいないということになる。

キリスト教における時間と永遠の関わり

キェルケゴールによれば、ギリシアにもユダヤにも時間の中に永遠的なものを把持しようとしているが、時間の中に永遠が結実するという意味での瞬間を正しく把捉していない。キェルケゴールは、キリスト教こそが、時間の中で時間と永遠が触れ合う瞬間を実現し、内容的に豊かで充実した時間を捉えることができるようになると言う。キェルケゴールは、キリスト教における時間と永遠の関わりに関して次のように言及している。「永遠が措定せられる場合、そこに永遠的なるものが存在する、ところでその際この永遠的なるものは同時に未来的なるものであり、これがまた過去的なるものとして再現するのである。…中略…。キリスト教において一切のものの枢軸をなしている概念、即ち一切を新たになす所以のものは、時が充ちるということである。ところでかかる時間の充実が永遠なるものとしての瞬間なのである。しかもこの永遠なるものが同時に未来的なるもので在り過去的なるものである」(前掲『不安の概念』)。

これにより、キェルケゴールが言わんとしたことは、キリスト教における瞬間こそ永遠であり、同時に未来的なものでもあり、過去的なものでもあるということだろう。

では、キリスト教には時間の中に永遠が実現した瞬間があるのだろうか。キェルケゴールは「哲学的断片」(『世界の名著40』杉山好訳、中央公論社)の中で、何度も瞬間について言及し、それこそイエスであることを示唆している。その個所をいくつか引用してみたい。

先ず、キェルケゴールは「人間は非真理なのである。それならば、そう規定された人間に、彼がかつて知らなかったし、したがって自分のうちに思いみることもできない真理を、どのようにして想起させてやれるであろうか。また彼が真理を想起させられるためには、なにが彼の助けとなるであろうか」と述べ、「学び者が——内からの想起によって真理を生み出すのでなく——外からの恵与によって真理を受け取るのであるとすれば、真理を与えてくれるのは教師でなければならぬ。いな、教師は、学ぶ者に真理を与えるだけでなく、その真理を理解する能力をも、あわせて与えるものでなければならぬ」と指摘し、「それはおよそ人間のなし能う業ではない。それを実現しうる者、それは神ご自身のほかにないであろう」(同書)と言明している。つまり、学ぶ者がそのような教師と出会い真理とその真理を理解する能力を受け取るときを特別な瞬間とし、そのことを「満ちたる時」と呼んでいるのである。前掲『哲学的断片』の「教師」の最後のところでは次のように締めくくっている。「そのような瞬間は独自の性格をもつ。たしかに普通の瞬間と同じく、短い時間の一駒であり、普通の時間と同じく過ぎ去ってゆき、普通の瞬間と同じく、次の瞬間にはもうはや過去となってなってしまうものではある。しかもその「瞬間」は決定的瞬間なのであり、その瞬間には永遠が孕まれている。そのような「瞬間」は、やはり独自の名称をもたねばならぬ。われわれはこれを、「満ちたる時」と呼ぼう」と。

また、キェルケゴールは引き続き『哲学的断片』の中で、その「満ちたる時」がイエスの全生涯であることも示唆している。

「こうして両者（神と学ぶ者）がひとつにされるためには、神が相手と等しい立場にまでおりてきたまわねばならぬ。それゆえ神は、最も卑賤な人間と同じ姿をとろうとしたものである。ところで最も卑賤な人間とは、他人の僕となってこれに仕えなければならない者であるゆえに、神は「僕」の姿をとろうとしたもう」と『マタイ伝』二〇章二八節を引用し、「かくして神はこの地上に立ちたもう。その能わぬことなき愛をもって、最も卑賤な者とひとつになりたもう。…中略…だが僕の姿は、かりそめではなかった。それゆえに神はすべての苦しみを受け、すべてのことを耐え忍び（『第一コリント』一三・七）、すべての試惑を受け（『ヘブル』四・一五）、荒野で飢え（『マタイ』四・二〜三）、責め苦のなかで渇き（『ヨハネ』一九・二八）、死のなかで見捨てられ（『マタイ』二七・四六）、こうして最も貴賤な者とひとつになりたまわねばならないのだ。見よ、なんたる人ぞ。なぜなら死の苦しみだけが彼の受難ではない。いな、実にその全生涯が受難の出来事にほかならないのだ」と諭している。つまり、キェルケゴールによれば、キリスト教の場合には、イエスという歴史的事実をもっており、時間の中で時間と永遠が触れ合う瞬間が実現されているというのである。

キェルケゴールの「反復」

ハイデガーは『存在と時間』の第四章から頻繁に「瞬間（瞬視）」と「反復」という用語を使用している。例えば、第六八節には「現在が本来的な時間性のうちで保持され、かくてまた本来的な現在である場合、それを瞬視と呼ぶことにしよう」（前掲『存在と時間』）とか「瞬視の現象は、〈いま〉からは原則的に解明されことができない」と述べたり、「先駆することにあって現存在はみずからを、もっとも固有な存在可能へと先んじて反復する。この本来的に既在的であることを、私たちは反復することと名づけよう」（同書）と述べている。しかし、その言葉の使い方については詳細な説明を付け加えてはいない。そこで、ギリシアの場合と比較しながら、再びキェルケゴールの「瞬間」を振り返りつつ、キェルケゴールの「反復」がどのような意味で用いられているかを検討してみたい。

ギリシアの場合、永遠をかつてあったものとして捉えていたのに対して、キリスト教の場合には、イエスを時間の中に永遠が結実した瞬間として捉えている。この点ではギリシアの場合もキリスト教の場合も、永遠はかつてあったものとして捉えている点で同じである。しかし、これから述べる二つの点で両者は決定的に違う。

まず第一に、ギリシアの場合には、時間と永遠が触れ合うという意味での瞬間がない。すでに言及したように、ギリシアにおいては永遠はただ背後に横たわっているものでしかなかった。時間の中で永遠に達するには、それを思い起こすしかなかった。ギリシアは確かに永遠を捉えはするものの、永遠が時間と触れ合うことがなかった。それ故、ギリシアにおいては、時間は無限に無内容に過ぎ去るものであった。それに対して、キリスト教の場合には、時間の中で時間と永遠が触れ合うという瞬間をもっており、そこから、時間性を措定し、時間を充実したものとして捉えることができるのである。

第二に、方向性に違いがある。ギリシアの場合には、永遠をかつてあったものとして捉えており、キリスト教の場合には瞬間を過去にあったものとして捉えている。かつてあったものであり、すでにないものとして捉えている点では同じである。しかし、そのかつてあったものの捉え方が異なる。

キリスト教においては、ギリシアのような、かつてあったものを思い起こす（想起）というやり方ではない。かつてあったものを現在に呼び込むというやり方であり、この方法こそまさに反復である。想起は「後ろへ」の運動であるのに対して、反復は「前へ」の運動である。前掲『不安の概念』の次の一節をもう一度思い出してもらいたい。「瞬間が措定せられる場合、そこに永遠的なるものが存在する、ところでその際この永遠的なるものは同時に未来的なるものであり、これがまた過去的なるものとして再現するのである」。

過去的なものとはかつてあったものであり、もはやないものである。しかし、未来的なものはまだないものであり、可能性のことである。そうであれば、上の表現は次のように解釈できるだろう。瞬間とはかつてあったものであると同時に、可能性でもあると。つまり、その瞬間はかつてあったものだが、再来するという可能性があるということである。キェルケゴールは『哲学的断片』の「間奏曲」のところで、アリストテレスの『自然学』の一節を引用して、可能性から現実への「生成」を扱ってこう述べている。「『非存在』でありながらそこに在るというそのような存在は、これこそ可能性にほかならないのだ。そして『存在』としてそこに在る存在は、まさに現実の存在であって、現実性にほかならない。とすれば生成の変化とは、可能性から現実性への移行なのである」と。それから、「過去の解釈」のところでは、神が地上に現れたという瞬間に向き合う上で、同時代の者と後世の者の間にいくつかの細かい差異はあるものの、瞬間という不可解なものに向き合うという点では両者に本質的な差異はないと結論づけられている。しかし、同時代の者が瞬間の現れを目撃したのに対して、後世の者がその瞬間を過去のものとして、つまり歴史的事実として捉えるのであれば、そこには当然、瞬間への向き合い方の違いが生まれるのではないかと思われる。これに対してキェルケゴールは次のように説明する。「可能なものが現実のものに転化してゆく際の母胎である可能性の世界は、生成してきたものにたえずつきまとい、たとえそれが何千年を隔てる過去の出来事であっても、過ぎ去った出来事における不可避の背景を成している。後代の人間がその出来事の生成するにいたった消息を、あらためて受け取るやいなや（つまり彼はそれを信ずることによって、そうするのだが）、彼はその生成の背後にあった可能性をも、あらためて受け取る、もしくは引き受けるのだ」（前掲『不安の概念』）と。つまり、瞬間は過去のものであり、過ぎ去ったものである。しかし、瞬間がまだ可能なものであったときの可能性は、生成した後もなお依然としてそこに留まり続けている。だから後世の者は、単なる歴史的事実として瞬間を受け取るのではなく、瞬間が可能なものから現実のものへと生成したことを再び生成させるのである。このように瞬間に向かい受け取り直すことがまさに反復なのである。

これにより、繰り返し引用した箇所「瞬間が措定せられる場合、そこに永遠的なるものが存在する、ところでその永遠的なるものは同時に未来的なるものであり、これがまた過去的なるものとして再現するのである」の意味がおわかりであろう。瞬間は過ぎ去ったものであり過去のものであるが、それに向き合う者はそれを単なる過去のものとして受け取るのではなく、本来的なものとして、かつ可能性を包含したものとして受け取るということである。

想起の場合、想起する者が、永遠を現在に引き寄せて思い起こすというやり方をしていた。この場合、永遠は不変で必然的なものであり、想起する者はそのままそれを受け取るだけである。それ故、想起は「後ろへ」の運動であった。それに対して、反復する者は、過去のものである瞬間をそのまま受け取るのではなく、時間の中で時間と永遠が触れ合ったその生成の過程を生き直し、受け取り直すのである。つまり、反復する者は瞬間に深く関わり、かつてあったものの可能性を再び現実へと生成させるため、その反復は「前へ」の運動であると言える。

ここで注意しなければならないことがある。反復といっても、かつてあったものと同じものをそのまま受け取ることではないということである。確かに受け取るものは同じものではあるが、反復する者がそれぞれ、かつてあったものの生成に積極的に関わり、再び生成させて受け取り直すわけだから、反復されるものは反復されるたびに新しく生まれ直すものである。いわば、反復されるものは新しいものではないと同時に新しいものということになるだろう。

反復とは現にあったものを、現にあるものへと生成させることであり、反復により、現にあったものが現にあるものになるのである。しかもそれは反復する者それぞれの人生と深く結びついている。反復する者は、反復によって瞬間と深く関わり受け取り直すことで、瞬間の中の生を内容豊かで充実したものにすることができるようになるのである。これこそキェルケゴールが言いたかった反復である。

ハイデガーの瞬視と反復

ハイデガーはキェルケゴールの「瞬間（瞬視）」や「反復」の考え方を参考にはしているが、いずれも通俗的な時間概念に依然とらわれたままであるとして次のように批判している。キェルケゴールは「瞬間（瞬視）を「いま」と永遠との助けを借りて規定してしまっている。キェルケゴールが「時間性」

について語っているとき、考えられているのは人間の「時間内存在」である。時間内部性としての時間は「いま」を知るのみであって、けっして瞬視を知らない」（前掲『存在と時間』）と。

ハイデガーは「瞬視」についてこう語る。「決意性にあって現在は、もっとも身近に配慮的に気遣われるものへの気晴らしから連れもどされているのである。それればかりではない。将来と既在的なありかたのうちに保持されているのだ。現在が本来的な時間性のうちで保持され、かくてまた本来的な現在である場合、それを瞬視と呼ぶことにしよう」（同書）と。ハイデガーの瞬視に関してはまた「既在」「現在」「将来」のところで詳細に論ずることにする。

そして、反復については「先駆することにあって現存在はみずからを、もっとも固な存在可能へと先んじて反復する。この本来的に既在的であることを、私たちは反復することと名づけよう」（同書）と述べている。

瞬視のところの引用でも、反復のところの引用でも、既在的という言葉が出てきているが、この「既在」はハイデガーが「過去」のことを捉えなおした言い方である。従って、まず、様々な時間の捉え方を概観した後で、「既在」「現在」「将来」というハイデガーの捉え方を検討したい。

第六章　様々な時間の捉え方

時間論序言

フランスの外科・解剖学者アレックシス・カレル著『人間・この未知なるもの』（桜沢如一訳、角川文庫）によると、時間はざっと三様に分けられる。一つは機械的・物理的時間で、それは時計で測られている。二つ目は生理的時間とでもいえる、私たちの臓器や筋肉や神経などの機能から見た時間である。例えば、六十代七十代でも、四十代五十代よりも若く見えたり元気だったりする人もいる。二十代三十代といっても生理的に老廃している人もいる。生理的時間が必ずしも物理的な時間と一致していないこともある。三つ目は内面的時間である。これは物理的時間や生理的時間とは全く違うものであり、私たちの主観的な生活から見た時間感覚である。例えば、ほんの束の間のことなのに随分長く感じることがある。ほんの一瞬のことなのに走馬灯のように自分の歴史を振り返ってみているように長く感じることがある。それに対して、自分の興味のあることに夢中になっていて実際には長時間が経過しているのに自分の頭の中では僅かな時間しか経っていないように感じることもある。こういう主観的な時間というものは、物理的に計測することはできない。これこそベルクソンの哲学の中の「持続」ということである。生命は客観的には一日二日とか、一年二年とか、十年二十年というぐあいに計れるが、生命観というものは計れない。私たちはそれぞれ内面的に生命の持続を感じている。これは一般的に数学的に計測できないものである。

小説では、一般に、時間の流れをどう表現するかがカギとなる。人物の内面に入ったり、ポリフォニックに表現したり、別の話を挿入したりする工夫がみられる。たとえば、夏目漱石の『夢十夜』の第一夜では、長い時間が一瞬で過ぎ去るのが描写されている。太陽の軌跡、植物の成長の軌跡が一瞬で捉えられる視点が採用されている。また、第七夜では、それとは逆に、一瞬が長い時間としてゆっくり、まるでスローモーションのように感じられる場面が描かれている。その場面は実に印象的であるのでここに引用しておきたい。こんなふうである。「自分の足が甲板を離れて、船と縁が切れたその刹那に、急に命が惜しくなった。心の底からよせばよかったと思った。けれども、もう遅い。自分は厭でも応でも海の中へ這入らなければならない。只大変高く出来ていた船と見えて、身体は船を離れたけれども、足は容易に水に着かない。然し捕まえるものがないから、次第々々に水に近付いて来る。いくら足を縮めても近付いて来る。水の色は黒かった。そのうち船は例の通り黒い煙を吐いて、通り過ぎてしまった。自分は何処へ行くんだか判らない船でも、やっぱり乗っている方がよかったと始めて悟りながら、しかもその悟りを利用する事が出来ずに、無限の後悔と恐怖とを抱いて黒い波の方へ静かに落ちていった」とある。実際には、海の中へ飛び込めば、その落下速度により、一瞬のうちに水の中ということになるのだが、その間、これまでのことやら、これからのことなど、走馬灯のように頭の中ではいろいろなことが浮かんでくる。その一瞬の永遠とでも思えるような時間を見事なまでに描いている。

大江健三郎の小説『燃えあがる緑の木』（新潮文庫）の中では、永遠に対抗する一瞬として「一瞬よりはいくらか長く続く間」という言い方をしている。小説の中の主人公であるギー兄さんがアメリカのバークレイで暮らしていた高校生の時の経験を語るシーンである。「シュガー・メイプルの木には、紅葉時期の違う三種類ほどの葉が混在するものなんだ。真紅といいたいほど赤いものと、黄色のと、そしてまだ明るい緑の葉と……それらが混ざり合って、海から吹きあげてくる風にひらひらしているのを私は見ていた。そして信号は青になったのに、高校生の私が、はっきり言葉にして、それも日本語で、こう自分にいったんだよ。もう一度、赤から青になるまで待とう。その一瞬よりはいくらか長く続く間、このシュガー・メイプルの茂りを見ていることが大切だと。生まれて初めて感じるような、深ぶかした気持で、全身に決意をみなぎらせるようにしてそう思ったんだ……」とある。要するに、どれほどわずかな持続であれ、魂が喜びや感動に震えるような何か濃密なものに満たされる感覚に打たれる時間のことである。

さらにその小説の中のK伯父さん（大江健三郎自身かもしれない）がイェーツを引用して語るところは一瞬と永遠の関係である。「イェーツの、ふたつの極の間の生というのはね、……なにより両極が共存しているということが大切なんだよ。愛と憎しみという両極であれ、善と悪という両極であれ……それを時間についていえば、一瞬と永遠が共存しているということでしょう？　ある一瞬、永遠をとらえたという確信が、つまり悦びなんだね」とある。トーマス・マンは、このような時間のことを『魔の山』の中で「永きひととき」という見事なまでの言葉で言い表している。

ドストエフスキーの『罪と罰』の中でも一瞬の描写が見て取れる。ラスコーリニコフがシベリアに送られてしばらく経ったときのことである。発熱して入院する。その病から癒えたある晴れた日のことである。川岸の作業場から見える河の流れを眺めていたときのシーンである。「遠い向こう岸から歌声がかすかに流れてきた。その向こうには、あふれるほどに陽光を浴びたはてしない曠野《こうや》に、見えないほどの黒い点々となって遊牧民の天幕がちらばっていた。そこには自由があった、そしてこちらとはぜんぜんちがう別々の人々が住んでいた。そこでは時間そのものが静止して、まるでアブラハムとその畜群の時代がまだ過ぎてはいないようであった」（『罪と罰』、工藤精一郎訳、新潮文庫）とある。まさに永遠なる時との一瞬の触れ合いを描写したシーンだと言えるだろう。

アメリカの作家アンブローズ・ビアスの『ビアス短編集』（大津栄一郎編訳、岩波文庫）の中の「アウル・クリーク鉄橋での出来事」では、絞首刑にされ、川に落とされ、しかも銃撃までされ死んでいくまでのシーンが一二ページにまで及んでいる。一瞬の出来事の中に流れる時間が事細かに描写されている。

邯鄲の夢なども この部類に入るのではないだろうか。こんな話だったと思う。中国の趙の時代に、盧生という若者が一旗揚げようと思い、故郷を離れ邯鄲へと旅立った。その旅の途中で昼飯を食べようと、ある一軒の店に入った。そこである老人に会い、その老人に自分の不平不満や自分の夢を語るのだが、その老人は飯ができるまでにはまだ時間がかかると言って、一休みするようにと枕を貸してくれた。するとその枕でその若者はすぐに眠ってしまった。夢の中で、その若者は自分の人生における栄枯盛衰を見た。それはそれは長い長い物語だった。食事ができましたよ、という声でその若者は目覚め、自分が見ていた五十年にもわたる波乱万丈の人生ドラマは、食事の用意が調うまでのほんの束の間の出来事にすぎなかったことを知った。そして、自分の抱いていた夢の儚さに気づき、邯鄲に行くのをやめて、故郷に戻ったという話である。

死にゆく場面でなくとも、私たちは日常生活の中で、そのときどきの置かれた状況に応じて、すぐ経過してしまう時間、いつまで経っても過ぎ去ることのないように思われる時間を経験している。そうした内面的な時間と時計が刻む時間の中で私たちは、意識的にであれ無意識的にであれ、活動している。

アリストテレスの時間論

仏教や禅でいう時間は、カレルの内面的時間感またはベルクソンの持続と似てはいるものの、その質は全く異なっている。鈴木大拙によれば、「すべて世間でいう時間は絶対の現在ではなくて、何かの意味で、前後にひっかかりをもっている。すなわち、二元的で対象性を離れえない。可得底がそこにある。禅、または霊性的直覚の上では、不可得の可得で、ただの可得でない、または可得の不可得である。この矛盾を含まないところには、禅はないといってよい」(『日本的霊性　完全版』角川ソフィア文庫)ということになる。つまり、すべての存在は空《くう》であり、求めて得られるようであっても得られないものであるので、時間もつかめるものでありつかめないものでもある。過去と現在、現在と将来、将来と過去とがつながりをもち、それでいてそれらが統合された全体性であり、そこから切り取って提示できるようなものではないということだろう。こうした時間性の捉え方はまさしくハイデガーが既在・現在・将来と分け、瞬視と反復で論じる時間性に近いものではないだろうか。大きく異なることはないだろう。

アリストテレスは、「アリストテレスの自然学」(『世界の名著9 ギリシアの科学』藤沢令夫訳、中央公論社)の「四の三〈時間〉とはなんであるか」で、動と時間とは同時に知覚されると述べ、次のように説明する。「暗闇の中で、たとえわれわれが身体を通じて何一つ印象を受けとらないとしても、心の中になんらかの動きがあるならば、それと同時に、ただちにわれわれはまた、ある時間が経過したと思うからである。そして逆に、なんらかの時間が経過したと思うときにはいつでも、それと同時にまた、ある動きが起こったと思うのである。したがって、時間は動そのものであるか、それとも動の何かであるかの、どちらかだということになる。しかるに、それは動そのものではないのであるから、必然的に、時間とは動の何かでなければならない」と。さらにまた、以上のことより、「われわれが〈時間〉を識別するのは、〈運動〉を『よりさき・よりあと』の区別によって区分するときにほかならない」と述べ、「〈時間〉は運動そのものではなく、数をもつかぎりにおいての運動なのである。このことを示す事実として、われわれは、多と少の比較を数によって判別する、ということがある。だから、時間は一種の数であるということになる」と締めくくっている。つまり、運動は連続しているけれども、時間はそれを分割することで得られる二次的なものだということである。

このようなアリストテレスの時間論は、時間をあくまでも連続的な運動と捉えるベルクソンの時間論とは異なる。アリストテレスは時間は運動と切り離せないにしても運動とは別であると言うのに対して、ベルクソンは逆に運動＝持続であり真の時間であると言うのである。アリストテレスの時間はどちらかと言えば物理的であり、理念的で科学の発展性に繋がる考え方であるが、ベルクソンにとって時間は芸術的であり、美的であり、形而上学的である。ハイデガーにとっては、アリストテレスの時間は、通常的な時間と映り、ベルクソンの時間論そのものは、ハイデガーの論ずる本来性・非本来性という人間の生き方からあまりにも遠ざかってしまっている。しかし、ベルクソンの〈自由論〉で論じられる自己についての描写は、どう考えても、ハイデガーの本来性の自己に近いとしか思えない。

カントとヘーゲルの時間論

ハイデガーは、『存在と時間』の第四章の八一節、八二節で、アリストテレスの時間論を軸にしてカント、ヘーゲルの時間論について考察している。ここではその考察の元となるカントとヘーゲルの時間論を振り返り、その後でベルクソンの時間論とハイデガーの時間論の類似点と相違点について分析してみたい。

カントの時間論

カントはその著書・前掲『純粋理性批判 上』の中で時間について次のように述べている。「(1)時間はなんらかの経験から抽象された経験的概念ではない。時間表象がア・プリオリに根底に存していないならば、同時的存在もまた継続的存在も、知覚されることすら不可能であろう」「(2)時間は一切の直観の根底に存する必然的表象である」と。つまり、カントは時間を直観の形式であると捉えた。直観とは、『大辞泉』によれば「推理や考察によるのではなく、感覚によって物事をとらえること」とある。人間は何でも物事を時間と空間という枠組みに当てはめてとらえるが、この枠組みは人間の能力にア・プリオリに備わっているものであり、「外的現象の規定ではありえない」し、「客観的規定として物に付随しているような何かあるものではない」、と述べている。換言すれば、時間は「内的直観の形式」あるいは「感性的直観の純粋形式」であり、客観的な存在性格をもっていないため、どんな対象も直観を通してしか認識できないと言っているのである。また、こうも言っている。「時間は、対象そのものに付属するものではなくて、対象を直観するところの主観に属する」と。

また、カントは、「この内的直観は形態を与えるものではない、それだから我々は、この不足を類推によって補おうとして、時間の継続を無限に進行する直線によって表象する、そして多様なものはこの直線において、一次元をもつところの系列を形成する、そこで我々は、直線の種々な性質から時間の一切の性質を推及するのである」(同書)と述べている。

この論旨はアリストテレスの次のような説明を基本にしている。「(今)のばあいは、運動体が動きつづけているから、たえず異なったものに移り変わっていくのである。したがって、時間は数であると規定されるばあい、そのことの意味は、同一の点が(始め)と(終わり)として二つに数えられるという意味での(数)ではなく、むしろ、線分の両端が二つに数えられるという意味でのそれのほうに対応するわけである。またそれは、いくつかの部分が数えられるという意味での(数)ではない。…中略…一つの線分の部分であるのは、あくまで二つの線分である」(前掲『アリストテレスの自然学』)という説明である。カントは、アリストテレスが時間を線分として論じている点に注目し、直線の視点から説明し直しているのがおわかりであろう。

ヘーゲルの時間論

ヘーゲルも時間が直観との関係で論じられている点ではカントと大差ない。ヘーゲルの前掲『精神現象学』の中では、時間について、カントの直観を「感覚的確信」と言い換えて説明している。ただし、ヘーゲルの場合、時間はア・プリオリに与えられているなどとは考えない。勿論、対象の方に備わった外的形式だとも考えない。ヘーゲルは時間を、人間の認識活動における、主体と客体との、言い換えれば、主観と客観との絡み合いの運動であると見なし、その運動は弁証法的な性格をもっていると考える。ヘーゲルは、時間とは弁証法的な運動をする運動体だと考え、「いま」あるという例から、その時間論を展開する。

「『いまとはなにか』と問われたとして、その問いにたいして、わたしたちはたとえば『いまは夜である』と答える。…中略… 夜であるいまは保存され、いまと称される存在としてあつかわれるが、しかし、そのいまはもうそんざいしないものとなっている。『いま』そのものは持続しているが、持続しているいまは、もう夜ではない。いまが昼になったとき、夜であるいまは昼ではないものとして、否定をふくむものとして持続している。そのように持続している『いま』は、したがって、直接の存在ではなく、媒介を経た存在である。変わらず持続する『いま』は、昼や夜ではないものとして定義されるのだから、そういう『いま』は以前の『いま』と同じように単純な『いま』だが、その単純さが、そこに付随するものから離れたものとなっている。『いま』は夜でも昼でもないが、また、昼にも夜にもなれるものであって、自分以外の存在である昼や夜にかかずらわないのである。否定によって生じるこうした単一の存在——これでもあれでもないような不特定なもので、しかもこれにもあれにもなれるような単一の存在――をわたしたちは一般的な存在と名づける。つまり、一般的な存在こそが、実は、感覚的確信の真理なのだ」(前掲『精神現象学』)と。

このようにヘーゲルは、感覚的確信はカントの言うような一時的な直観にとどまるものではなく、一般的な存在に向かう運動をも含んでいる。この運動こそが感覚的確信の本質だと言うのである。つまり、最初に立てた命題を否定し、その否定をさらに否定することによって、最初に戻るわけである。これこそ、ヘーゲルの弁証法の議論であり、テーゼ(thesis)「命題」、アンチテーゼ(antithesis)「反対命題」、ジンテーゼ(synthesis)「総合命題」という形をとる。

ヘーゲルの、この「いま」の説明の仕方は、アリストテレスの「いま」に関する説明、すなわち、「運動がたえずつぎつぎと別のものに移り変わっていくのと同じように、時間もまたつぎつぎと別のものに移り変わる。ただし、同時の時間は、どれもすべて同じである。なぜならそのばあい、(今)がまさに(今)としてはどれも同一であり、それぞれのできごとにおける(今)の具体的な規定のされ方はことなるけれども、そして時間をその先後関係において規定するのは(今)にほかならないからである。(今)は同一のものとして存続するするか、たえず別々のものとしてあるかという問題に関して、(今)は、ある意味においては同一のものとしてあるが、しかしある意味においては同一ではない。すなわち、つぎつぎと別の時点においてあるという見地からみれば、(今)は異なったものとしてあるが、(そしてこのことが、今であることの本来のあり方にほかならない)、しかし他方、(今)と呼ばれる存在主体(今)を支える基体は同一のものとしてある」(前掲『アリストテレスの自然学』)ということろを言い換えたにすぎない。

このアリストテレスの説明を、ヘーゲルは弁証法という形で説明し直したのだが、ハイデガーの場合は脱自という観点から解説し直していると考えられる。ハイデガーは、「いま」ということに関して前掲『存在と時間』の第一部第二篇第六章第七九節のところで、次のように解説している。「『いまは』『そのときには』ならびに『あのときには』の時刻化可能性が有する構造は、それらが時間性という幹に由来しながら、それじしん時間であることの証拠なのだ。『いまは』『そのときには』ならびに『あのときには』を解釈しながら言表することは、もっとも根源的な時間告知にほかならない。さらに、時間性の脱自的統一は時刻化可能性とともに非主観的に、またそのものとして知られることなく理解されている。そのような脱自的統一にあって、そのつどすでに現存在はじぶん自身に世界内存在として開示されており、それと軌を一にして世界内部的存在者も覆いをとって発見されている。…中略…それゆえに解釈された時間は、そのつどすでにまた〈現〉の開示性のなかで出会われる存在者にもとづいて時刻化されるのだ。すなわち、扉が鳴る――そのときに、とか、私の手もとにはその本がない――そのときに、等々のようにである」と。またその後で、ハイデガーは「あらゆる『いまは』『そのときには』ならびに『あのときには』は、時刻化可能性の構造とともに、そのひろがりが変移してゆく張りめぐらされたありかたをそのつど有している」（同書）とも述べている。

このハイデガーの「そのつどすでに……」以降の説明は、ヘーゲルの説明「『いま』と『いま』を示すこととは、いずれをとっても、ただそこにある単一のものではなく、さまざまな要素をふくむ運動だ」という部分と、「一方も他方もただ直接にそこにあるだけではなく、同時に媒介を経てそこにあることがわかってくる。わたしが、時間であれ空間であれ、感覚的確信をもつのは他のもの――事柄

――を介してであり、事柄が確信されるのは他のもの――わたし――を介してなのである」（前掲『精神現象学』）という部分を、ハイデガー流に言い換えたところである。

ベルクソンの時間論

カレルの時間分析の三つ目である内面的時間感が哲学者にとっては最も重要であり、考査の対象となる。従って、それを巡る哲学者の思索を辿れば枚挙にいとまがない。ここでは、ベルクソンの時間の考え方を紹介したいと思う。

ベルクソンは、主著『時間と自由』（中村文郎訳、岩波文庫）で時間の考え方を述べる前に、第一章で様々な感情の説明をし、第二章で意識と時間論を持続という視点から論じている。

意識は感覚と異なり、純粋持続として存在しているのに、記号によって等質的に表現されてしまっている。真の意識は記号に定着させられるような思考ではなく、「外的世界から自分を切り離し、力強い抽象化の努力によって、再び自分自身になること」で初めて捉えられる。この純粋持続とは何か。

二つの持続

ベルクソンは持続には二つあると言う。「一つは混合物のまったくない純粋なもの、もう一つは、空間の観念がひそかに介入しているものである」（同書）と。そしてこう続ける。「まったく純粋な持続とは、自我が生きることに身をまかせ、現在の状態と先行の状態とのあいだに分離を設けることを差し控えるとき、私たちの意識状態の継起がとる形態である」（同書）と。もっと言えば、意識は純粋持続として、区別のない継起として存在しており、質的な諸変化の継起であり、「しかも、その各々が全体を表し、ただ抽象することのできる思考にとってのみ全体から区別され、分離される諸要素の相互浸透、緊密な結合、内的組織化として考えることができる」（同書）。つまり、純粋持続とは、互いに浸透し合い、溶け合い、明確な輪郭もなく、何の傾向性もなく、相互に外在化していく、数とは全く類似性も持たないような質的諸変化の継起ということになるだろう。従って、持続する時間とは本来、個々の事柄に応じて異なり、互いに融合する性質をもつので、空間化するすることができず、数えることはできないということである。

しかし、私たちは日常生活において、空間の概念を暗黙の了解により純粋持続のうちへと持ち込み、持続を空間的な広がりとして捉えてしまっている。このように表象されるのが二つ目の持続にほかならない。

ベルクソンによれば、物理学は運動ではなく、空間を記述しているだけである。各時点の静止した空間を並べたものを記述し、それを運動だといっているだけである。物理学が運動や時間を扱うとき、時間からは持続を取り除き、運動からは動きを初めから取り除いて置き、空間を無限に微積分して、運動の近似値を記述しているだけで、運動そのものを記述してはいない、ということになる。

要するに、私たちは「時間を空間のなかへ投影し、持続を拡がりとして表すために、継起といっても、その諸部分が相互浸透することなしに接し合っているような一つの連続線ないし連鎖という形態」（同書、筆者一部改）をとっていると考えているのである。

郵便はがき

料金受取人払

諏訪支店承認

2

差出有効期間
令和5年4月
30日迄有効

392-8790

〈受取人〉

長野県諏訪市四賀229－1

鳥影社編集室

愛読者係　行

ご住所　〒□□□-□□□□	
お名前《フリガナ》	
お電話番号	(　　　)　　　-
ご職業・勤務先・学校名	
eメールアドレス	
お買い上げになった書店名	

鳥影社愛読者カード

このカードは出版の参考にさせていただきますので、皆様のご意見・ご感想をお聞かせください。

書名	

① 本書を何でお知りになりましたか？

i．書店で
ii．広告で（ ）
iii．書評で（ ）
iv．人にすすめられて
v．DMで
vi．その他（ ）

② 本書・著者へご意見・感想などお聞かせ下さい。

③ 最近読んで、よかったと思う本を教えてください。

④ 現在、どんな作家に興味をおもちですか？

⑤ 現在、ご購読されている新聞・雑誌名

⑥ 今後、どのような本をお読みになりたいですか？

◇購入申込書◇

書名 ¥ （ ）部

書名 ¥ （ ）部

書名 ¥ （ ）部

二つの自我

ベルクソンによれば、日常の生は純粋持続を切断し、記号に定着させているが、それには理由があるという。私たちには内的自我と表面的自我があるという。一つは、内的自我、すなわち、「感じたり熱中したりする自我、熟慮したり決断したりする自我はその諸状態と変容が内的に相互浸透し合う力」である（同書）。もう一つは、表面的自我であり、「同じ客観的現象が繰り返されるのを常に表象しているために、相互に外在的な諸部分へと切断されるので、そのように限定された諸瞬間の方も今度は、私たちのよりいっそう人格的な意識状態の動的で不可分の進行のなかに切れ目を入れる」（同書）というものである。後者の表面的な心的生活は、純粋持続のうちではなく、空間のうちで繰り広げられ、外在的な部分に切断され、内的自我の動的な生活を切断していくため、継起している諸感覚、感情、観念が切り離されていくことになる。

そうなると、私たちは、等質的空間のなかに投影された自我の影で満足してしまい、「意識は、区別しようとする飽くなき欲望に悩まされて、現実の代わりに記号を置き換えたり、あるいは記号を通してしか現実を知覚しない。このように屈折させられ、またまさにそのことによって細分化された自我は、一般に社会生活の、特に言語の諸要求にはるかによく適合するので、意識はその方を好み、少しずつ内的自我を見失っていく」（同書）のである。もっとわかりやすく言えば、意識は、純粋持続のうちにある内的自我を次第に見失い、それに代わって社会生活に合う表面的自我で満足するようになる。意識は区別しようとする欲望に支配され、記号を通してしか現実を認識しなくなる。こうして意識は表面的自我を好み、次第に内的自我を忘却してしまう、ということである。

ベルクソンの自由論

ベルクソンは、「相互に浸透し合い、強化し合うような諸状態の動的な一系列が形成され、自然な進行によって自由行為へ至るようになるだろう。しかし、決定論者は、記号的表現への漠然とした欲求に従って、自我そのものをも、自我を分かちもっている相反する感情をも、言葉によって示そうとする」（同書）と述べている。つまり、私たちは持続のうちでこそ自由であり、自由の問題が現れるのは、持続を記号化するからにすぎない。従って、記号化をやめて、相互に浸透し合う意識状態に同化すれば、私たちは自由になれる、というわけである。そして、「私たちの行為が私たちの人格全体から出てくるとき、行為が全人格を表現するとき、行為が作品と芸術家とのあいだに時おり見られるような定義しがたい類似性を全人格とのあいだにもつとき、私たちは自由である」（同書）とも述べている。つまり、自由な決断は心全体から出てくる。だから、諸状態の動的系列が内的自我と同化するほど、行為は自由なものとなる、ということである。

しかし、再度引用することになるが、ベルクソンによれば、「私たちは、等質的空間のなかに投影された自我の影で満足してしまう。意識は、区別しようとする飽くなき欲望に悩まされて、現実の代わりに記号を置き換えたり、あるいは記号を通してしか現実を知覚しない」「一般社会の、特に言語の諸要求にはるかによく適合するので、意識はその方を好み、少しずつ根底的自我を見失っていく」（同書）

ということだった。つまり、ベルクソンが何度も繰り返しているように、本来の感覚は純粋な異質性であるにもかかわらず、言語には個人的な捉えがたい印象を覆い隠してしまう性質があり、感覚の不変性を信じ込ませてしまうので、普段の私たちは、言語の諸要求に応え、日常のうちに没入しており、そこから脱却することが難しいゆえ、私たちが自由行為を行うことは難しい、ということである。

ベルクソンは『時間と自由』の結論のところで次のようにまとめている。『結局、二つの異なる自我があることになろう。そのうちの一方の自我は、他方の自我の外的投影のようなもので、その自我の空間的な、言わば社会的な表現だということになろう。私たちは深い反省によって第一の自我に到達し、この反省は、私たちの内的状態を、絶えず形成途上にある生き物として、測定には従おうとはせず、相互に浸透し合い、持続におけるその継起が等質的空間における併置とは何ら共通点をもたないような状態として、把握させるのである。しかし、私たちが自由であるのは稀なのだ。たいていの場合、私たちは自分自身に外的に生きており、自我については、その色褪せた亡霊、純粋持続が空間の中に投影する影にしか気づかない。したがって、私たちの生存は、時間におけるよりも、むしろ空間において繰り広げられる。私たちは私たちに対してよりは、むしろ外界に対して生きている。私たちは、考えるよりも、むしろ話す。私たちは自ら行動するよりも、むしろ『行動させられる』。自由に行動するということは、自己を取り戻すことであり、純粋持続の中に身を置き直すことなのである」(同書)と。

ハイデガーの本来性

ベルクソンの〈自由論〉で論じられる、「自己を取り戻し、純粋持続の中に身を置き直すこと」というのは、そのままハイデガーの主張に重ね合わせることができる。ハイデガー流に言えば、現存在のあり方としては非本来性と本来性があり、非本来性の様態とはこうである。日常において私たちは自分が出会う様々な事物をどう扱うかは世間で望ましいとされるあり方により既に定められている。現存在はその世界の内で現れる物事の配慮に没頭し、その世界の中に自分自身を埋没させている。そして世間的な規範へと没入して自分を失ってしまっている。周囲の人や私たちを取り巻く規格や使用法などに自分を合わせることにより、知らぬ間にそうしたものによって自分自身のあり方を自分で規定してしまっているのである。語りは本来的には「語りの主題に対して開示しながらかかわること」を聞く側と共有することを目指しているはずなのだが、その語りも、非本来性にあっては、語りの主題となっている存在者が本当は何であるのかを問題にせず、ただそれについて語られた事柄だけに耳を傾け、何が真実なる了解なのかがはっきりせず曖昧なまま、標準的な了解に従って、うわべだけの理解に満足してしまっている。ハイデガーは、このような現存在の日常的様態を「頽落」と名づけている。

このような頽落から脱却し本来性、すなわち、本来的な自己へ到達するためには、現存在は世界の所有に固執することをやめ、世界的な獲得と所有を放棄しなければならない。言い換えれば、「世界への没入」の態度から脱却し、「現存在の全き存在」を捉えなければならない。ベルクソンもこう言っている。世俗にまみれた自我は頽落していて、真なる自我に目覚めていない。そこから脱却するには心の奥底を直視し、ひたすら純粋持続に身を置き直し、持続のうちから行為することが必要である。そのときこそ真の自我に目覚め自由を体現していることになる。しかし、私たちが自由な行為を行うことは極めて難しい。私たちは普段日常性のうちに没入しており、そこから脱却することは難しい。

ベルクソンの場合、その脱却には純粋持続が契機となるが、その純粋持続の表現技巧は文学的でノーベル文学賞を受賞したほどである。しかし、どれだけ文学・芸術作品として極めて優れたものであっても、その純粋理論は日常生活に繋がりにくいものとなっている。それに対して、ハイデガーの議論は、その言葉使いが独特であり、極めて抽象的で難解ではあるが、もしかしたら少しは実践可能かもしれない生き方について語ろうとしている感がある。実際、ハイデガーは、日常生活における頽落からの脱却法を、不安から目覚める死への先駆と決意性に求め、そこに達するまでと、そこに達したときの様態を詳細に説明している。

第七章　死の思想史

西洋と東洋の死生観

西洋と東洋で、死生についてこれまでどう考えられてきたのか、あるいは、どのように定義されてきたのかを概観し、ハイデガーの考え方との類似点や相違点を読者に比較考察してもらいたい。西洋の生死観では、古代ギリシアの思想家たちから、カント、ヘーゲルに至るまで、東洋の場合には、孔子と老子、そしてハイデガーの考え方に最も近い荘子や、日本の禅宗の一つ曹洞宗の開祖道元を取り上げてみたい。

西洋の生死観

ギリシア哲学者の死生観

エピクロス

古代ギリシアの哲学者エピクロスは「死は、もろもろの悪いもののうちで最も恐ろしいものとされているが、実は我々にとって何ものでもないのである。なぜなら、我々が存する限り、死は現に存せず、死が現に存するときには、もはや我々は存しないからである。そこで、死は、生きているものにもすでに死んだものにも、関わりがない。なぜなら、生きているもののところには、死は現に存しないのであり、他方、死んだものはもはや存しないからである」（『エピクロス　教説と手紙』出隆・岩崎允胤訳、岩波文庫）と言う。要するに、「死ぬ前には死んでいないし、死んでしまえば生者は存在しない。だから、死などというものはない」のだから、「死が我々にとって何ものでもないことを正しく認識すれば、この認識はこの可死的な生を、かえって楽しいものとしてくれる」と述べている。

ソクラテス

ソクラテスの考える死をまとめるとこうである。死とは魂が肉体から分離されることであり、知を求める者は、まさにその思惟の働きにおいて魂を、愛欲・欲望・恐怖の原因であり、かつ際限のない煩わしさの源泉でもある肉体から引き離して、他ならぬ自らの魂自身となることに努めることができるので、知者にとって死は望ましいということになる。つまり、魂がそれ自身として純粋にひとつに凝集し、結集すること、人間の魂が、自己自身の本来的なあり方へと目覚めることである。

プラトン

プラトンの考え方は基本的にはソクラテスの考え方と同じである。彼は『パイドン　魂の不死について』（岩田靖夫訳、岩波文庫）の中で、死に対して覚悟を定めながら、死をも超えて生きるべき永遠不滅の人間的魂のあり方を説き、人間の本来的生き方を説諭している。プラトンとソクラテスの考え方は共に「イデア論」に依拠しており、死生観が類似するのは当然である。また、ソクラテス、プラトンの説く理想的な魂というのは、ハイデガーの言う「本来性」を悟った様態に近いかもしれない。

アリストテレス

アリストテレスは、ソクラテスやプラトンの「イデア論」から離れ、著書『魂について』（中畑正志訳、西洋古典叢書、京都大学学術出版会）の中で、ソクラテス、プラトンとは異なる魂の捉え方をしている。「精神の情動的な働きは身体に依存するが、純粋な働き、とりわけ能動的理性は身体に依存しない。ゆえに、（肉体が滅んでも）魂は不滅である」。しかし、「人間が存続するのは、他の生物と同じように、ただ自分の子孫のなかで生き続ける限りにおいてである」と考えていた。前半の魂の捉え方はアリストテレス主義としてフランスの哲学者ベルクソンに継承された。ベルクソンは「心は脳の働きの外に溢れ、また脳は意識に現れるものの中から、その一部を運動に転換させるというだけのものであるとするなら、心が死後の世界も生き残るということはありうる」（渡辺秀訳、「精神のエネルギー」『ベルクソン全集5』白水社）と述べて、アリストテレスの考えを支持した。ここでの「心」というのはハイデガーの言う「気遣い」に近いものであり、ハイデガーの理論に根源的な影響を及ぼしたと考えられる。後半のアリストテレスの「人間の存続」に関しては、どちらかと言えば、現代の科学論的・生物学的な見解に近い。

セネカ

セネカは、われわれが生の終わりを恐れ、残された時間を数えるようにいきているのではないだろうかと問いかけ、次のように述べている。「われわれの享ける生が短いのではなく、われわれ自身が生を短くするのであり、われわれは生に欠乏しているのではなく、生を蕩尽する、それが真相なのだ。莫大な王家の財といえども、悪しき主人の手に渡れば、たちまち雲散霧消してしまい、どれほど約しい財といえども、善き管財人の手に託されれば、使い方次第で増えるように、われわれの生も、それを整然と斉える者には大きく広がるものなのである」（『生の短さについて　他二篇』大西英文訳、岩波文庫）と。要するに、ハイデガーの言う本来性の生き方をすれば、生は広がりをみせると、セネカは述べている。

マルクス・アウレリウス

死生観は様々な時代や地域にあって様々であり、様々な思想家によって著されている。中でもマルクス・アウレリウスの死生観を取り上げるのは、人生において悩み苦しむ人たちを励ます言葉となっているからである。

アウレリウスは死について『自省録』（神谷美恵子訳、岩波文庫）でまずこう口火を切る。「死は誕生と同様に神秘である。同じ元素の結合、その元素のへの分解であって、恥ずべきものでは全然ない」（第四巻五）と。そして第五巻二三では「存在するもの、生成しつつあるものがいかにすみやかに過ぎ去り、姿を消して行くかについてしばしば瞑想するがよい。なぜならすべての存在は絶え間なく流れる河のようであって、その活動は間断なく変わり、その形相因も千変万化し、常なるものはほとんどない。我々のすぐそばには過去の無視と未来の深淵とが口をあけており、その中にすべてのものが消え去っていく」と述べ、第九巻三で「死を軽蔑するな。これもまた自然の欲するものの一つであるから歓迎せよ。たとえば若いこと、年を取ること、成長すること、成熟すること、歯やひげや白髪の生えること、受胎すること、妊娠すること、出産すること、その他すべて君の人生のさまざまな季節のもたらす自然の働きのごとく、分解することもまた同様の現象なのである。したがってこのことをよく考えぬいた人間にふさわしい態度は、死に対して無関心であるのでもなく、烈しい気持ちをいだくのでもなく、侮辱するのでもなく、自然の働きの一つとしてこれを待つことである。そしてちょうど今君が妻の胎から子供が生まれ出る時を待っているように、君の魂がその被いから脱け出す時を期して待つがよい」と提言する。

つまり、アウレリウスはこう言いたかったのではないだろうか。人は誰も自分の死を経験することはできない。死がどういうものかは他者の死を見て想像するしかない。しかし、他者の死と自分の死は違う。確実なことは人は必ず死ぬということである。そうであるならば、死は出生と同じようにこの宇宙で起きる自然現象であり、生を悲しむことがないのと同じように、死を悲しんだり恐れたりすることもないのではないか。なかなかできることではないが、アウレリウスは、彼の置かれた立場から、そう考えるようにしていたのだと推測できる。

それではどうすればよいのか、第四巻一七でアウレリウスは次のように推奨する。「あたかも一万年も生きるかのように行動するな。不可避のものが君の上にかかっている。来ているうちに、許されている間に、善き人たれ」と、そして「未来のことで心を悩ますな。必要ならば君は今現在のことに用いているのと同じ理性をたずさえて未来のことに立ち向かうであろう」（第七巻八）、「あたかも君がすでに死んだ人間であるかのように、現在の瞬間が君の生涯の終局であるかのように、自然に従って余生をすごさなくてはならない」（第七巻五六）と。言い換えればこうだろう。過去はないが、過去を思う今はある。未来はまだないが、未来を思う今はある。今を生きる。そして、今できることの最善を尽くすことに存在の意味がある。

反ハイデガー的な思想家たちの死生観

大雑把ではあるが、強いて言えば、エピクロス説と同じ流れを掬《むす》ぶ一方で、死の捉え方がハイデガーと根本的に違うのは、フランスの思想家モンテーニュ、ゲーテ、サルトル、それにレヴィナスである。

モンテーニュ

モンテーニュはその著『エセー』（原二郎訳、岩波文庫）の中で、死を「自然のどうでもよい出来事」

としながら、他方では、死を思う覚悟の重要性を繰り返し強調している。つまり、死そのものを「自然のどうでもよい事実」と見なしながらも、生と死を一体のものとして捉え、絶えず終わりのある、死すべき各自の人生に対する心の準備を整え、みだりに恐怖したりせず、しっかりと覚悟を決めて人生を歩むことを説いている。

ゲーテ

ゲーテは「ものを考える存在者にとっては、思考や人生の非存在や停止を考えることは全く不可能であり、この世の中で、何かしっかりしたものであろうとして、日々努力し、戦い、活動せざるをえない有能な人間は、あの世のことなどは放っておいて、この世の中で行動し、役に立とうとするものである」(『わが生涯より　詩と真実抄』斎藤栄治訳、白水社)と語った。その著書だけでなく『ファウスト』(高橋義孝訳、新潮文庫)にも、「作り出されたものを作り変え、永遠に生き生きと活動し、創造的に行為することが大切であり、永遠的なものは、万物のうちに働き続けている」ということを高らかに歌い上げている。松尾芭蕉が唱えた、いわゆる「不易流行」なるものをゲーテは唱えていたのであろう。

サルトル

サルトルは『存在と無　現象学的存在論の試み』(松浪信三郎訳、ちくま学芸文庫)の中で、死などどうでもよいことだとし、死などに惑わされない、真っすぐ生に突き進む、自由の哲学を提唱した。彼は、死は「ひとつの偶然的事実」であるがゆえに、そのような死のことを思い煩うのは無益であり、私の

「主体性」と「死」とは無関係である。死が私にとって突然襲いかかってくる「ひとつの偶然的事実」であるならば、私の「生」ないし「主体性」も、おそらく突然ある時に理由もなく生じた「ひとつの偶然的事実ではないだろうか、と問いかけ、反ハイデガー的な立場を取っている。アンガジュマン（社会参加・現実参加）を最重要視するサルトルらしい考え方である。

レヴィナス

ハイデガーに最も批判的な立場を取るレヴィナスは『時間と他者』（原田佳彦訳、叢書ウニベルシタス、法政大学出版局）の中で、こう言う。「我々が、死や死ぬことについて、語ったり考えたりしうるものは、すべて間接的なものでしかない。我々が死を知るのは、ひとから伝え聞くことによって、あるいは経験に基づく知識によって」である。つまり、死についての日常的な知識は、死に瀕している、あるいはいずれ死すべき他のひとを観察するという経験を通して与えられる、ということである。また、人間が生きているということの基盤には、生物として呼吸や代謝を行う運動があるが、この植物的な生命維持の運動は、ひとが生きている限り、周囲に向かって表現され続ける『応答』の運動である。従って、「ひとの死とは、この『応答』の運動の停止を意味する。つまり、「死とは、『応答』がないということ」「もはや存在しないこと」への移行であるというのである。

ハイデガーが『存在と時間』において分析したのは、「私の死」と時間との関係が中心であり、「他者の死」に関する直接的な分析については、「私の死」の分析と比べれば、極々短い言及があるのみである。「私の死」を起点にして時間を論じたハイデガーの議論が、「他者の死」を重視したレヴィナスの議論と異なるのは当然だと言わざるを得ない。レヴィナスはそもそも「他者の死」を観なければ「私の死」など論じることはできないと言いたいのであろう。

このようなレヴィナスの主張は理に適っている。なぜなら、自分の死のみならず、自分で自分を知るのは、あるいは論ずるのは難しい。ある意味では不可能なのかもしれない。自分を知るにも論ずるにも、自分で主観的にどれだけ探っても、限界がある。本当の自分を知ることに到底到達できない。他者という鏡や書籍などによる間接経験を通してのことになる。そうなると、勿論、自分を知ってもらうのも、自分を理解してもらうのも等しく難しい。まず「自分とは何か」と問いかけ、何か別の総合的な物語の形に置き換えてみなければならないのではないだろうか。

小説家村上春樹は『村上春樹雑文集』（新潮文庫）の中で、読者の質問を取り上げ、それに答えている。質問はこうである。「先日就職試験を受けたのですが、そこで『原稿用紙四枚以内で、自分自身について説明しなさい』という問題が出ました。…中略…もしそんな問題を出されたら、村上さんはどうしますか」と。それについての村上春樹の答えがとても面白いので少し長いが紹介しておきたい。

「こんにちは。原稿用紙四枚以内で自分自身を説明するのはほとんど不可能に近いですね。おっしゃるとおりです。それはどちらかというと意味のない設問のように僕には思えます。ただ、自分自身についで書くのは不可能であっても、たとえば牡蠣フライについて原稿用紙四枚以内で書くことは可能ですよね。だったら牡蠣フライについて書くことで、そこにはあなたと牡蠣フライのあいだの相関関係や距離感が、自動的に表現されることになります。それはすなわち、突き詰めていけば、あなた自身について書くことでもあります。それが僕のいわゆる「牡蠣フライ理論」です。今度自分自身について書けと言われたら、ためしに牡蠣フライについて書いてみてください。もちろん牡蠣フライじゃなくてもいいんです。メンチカツでも、海老コロッケでもかまいません。トヨタ・カローラでも青山通りでもレオナルド・ディカプリオでも、なんでもいいんです。とりあえず、僕が牡蠣フライが好きなので、そうしただけです。健闘を祈ります。」

そして村上春樹はこう続ける。「そう、小説家とは世界中の牡蠣フライについて、どこまでも詳細に書きつづける人間のことである。自分とはなんぞや？　そう思うまもなく、（そんなことを考えている暇もなく）、僕らは牡蠣フライやメンチカツや海老コロッケについて文章を書き続ける。そしてそれらの事象・事物と自分自身とのあいだに存在する距離や方向を、データとして積み重ねていく。多くを観察し、わずかしか判断を下さない。それが僕の言う『仮説』のおおよその意味だ」という説明は的を射ている。

ヘーゲルも「わたしはこの個としてある自分を思うことはできるが、個としての自分をそのままことばにはできない」（前掲『精神現象学』）と言っている。また、ハイデガーも「さしあたりたいてい現存在が自分を理解するのは、周囲世界的に出会われ、目配りによって配慮的に気遣われるものにもとづいてのことである」ことは述べている。つまり、自分を了解するには他のものがあってのことであると一応明言している。

ニーチェ

ニーチェの場合、前掲『ツァラトストラかく語りき』に登場する「永遠回帰（永劫回帰）」からみるべきだろう。ニーチェは「今、ここにある自分は、過去にも、そして未来にも、無限に存在し続けていく」と語る。そうであれば、永遠回帰の中にいる「超人」にも、「死」は繰り返し訪れるもの、そうして再生もまた無限に訪れるものとされる。ちなみに、ニーチェの「超人」とは、ルサンチマン（恨み、妬み、嫉妬の感情）を持たず、これまでの価値観にとらわれず、絶えず創造力に溢れて生きている人のことである。ともあれ、永遠回帰の場においての「死」も、無限に連なる存在の中の一形態にすぎず、人が概念として「死」と決め、抱いているだけのものであるということになる。

死に関して、ニーチェは『権力への意志』（原佑訳『ニーチェ全集12・13』ちくま学芸文庫）で、こうも言っている。「人間は、本当は、いつ、突然死に襲われるかわからない。それなのに、人は、普段、死は自分と関係ないかのように振る舞っている。こういう呑気さは、考えてみると不可解である。しかし、もっとよく考えてみると、これでいいんだ。なぜだ。もし人間が、死というものが現実のものとなるかわからないが、いずれは必ず来るという事実を、もしはっきり自覚するということになれば、どうなってしまうのだ。人は、不安のあまり、何一つ手につかないような状態になるであろう。人が自分の仕事に精を出していられるのは、自分の死というものを忘れていられるからなのだ。自分の死を忘れることこそが、充実した生を送ることの手段なのだ」と。

このニーチェの考え方はハイデガーの考え方と全く正反対である。ニーチェは、人間が死に対して優越できる唯一の方法は、死というものを忘れることなのだ、と考えている。それに対して、ハイデガーは、死への先駆的な覚悟が、人間として生きてゆくための手段となると考える。自分の死を覚悟することで、自分の生涯が有限であることを自覚することになり、その自覚によって、その人は、緊張状態に置かれることになる。そうすると、その人は、限られた時間を無駄に過ごすことなく、有意義な生活を送らなければならないと思うようになる。

このことからわかるように、ハイデガーの方が、当然のことながら、ニーチェよりも、人間に対して厳しい態度を取っており、極めて宗教的だと言わざるを得ない。

ハイデガーの「死生観」に大きな影響と方向性を与えた思想家

アウグスティヌス

アウグスティヌスは、主著・前掲『神の国』の中で、この世を「死せる生」、ないしは「生ける死」と見なし、「人間は、この身体に住まう瞬間から死の中にある。あるいはむしろ同時に生と死の中にあると言えばいいのか……つまり、全く滅びてしまうまでは生の中で生きるのであるから生の中にあり、その生が滅びる限りすでに死ぬのであるから死の中にあるのである」述べている。また、アウグスティヌスの死生観を素描すると「人間は理性的で死ぬべき動物である。理性的であるからこそ、自分が死ぬべき存在であることを理解しうる。また、人間が生きていることは死に向かっていることを意味し、死に向かいつつ生きていることを知りながら、日常生活では、そのことを忘れがちである。さらに、人間は親しいものとの死別を恐れ、嘆き、悲しみ、自らの死を感じるときには恐れと不安を抱く」となる。

このようなアウグスティヌスの所見と、パウロの「わたしは日々死んでいるのである」（『コリント人への第一手紙』〈五：三一〉）という教示が、ハイデガーの「死に関わる存在」という考え方や「頽落」ないしは「非本来性」、の原点となっているのは間違いない。

アウグスティヌスのもう一つの著書・前掲『告白』にはこう記されている。「人間は死すべき定めにもかかわらず、それを忘れて高慢になる。逸脱の罪を身に負ってこの世を生きている。しかし、人間の本心の願いは、死を超えて愛すべき永遠の神のもとに至ることであり、『心』へと立ち戻り、希望をもって歩みを進めることである」と。明らかに、この一節も、ハイデガーは、「日常生活における頽落、ないしは非本来性から本来性へと向かう様態に捉えなおしている。

カント

カントの『純粋理性批判』と『実践理性批判』（波多野精一・宮本和吉訳、篠田英雄改訳、岩波文庫）から、その考察の主旨を要約すると以下のようになる。『霊魂不滅』ということが、現象界や仮想界において決して理論的には認識されず、証明不可能なことだと見なしていた。しかし、実践的な立場では、人間は『霊魂不滅』を信じざるをえず、求めざるをえないと考えた。つまり、人間の人格的完成を目指す道徳的努力は、この世では必ずしも報われるとは限らない。むしろ、人生は苦難苦労のみ多く、幸薄いのが常である。しかし、その努力は決して死をもって断ち切られることはなく、永遠に課せられ、霊魂は不滅であると言わざるを得ない。そして、善を目指す人間の誠実な努力の報われる『幸福』を授けてくれるような『神』が存在することを、人間はどうしても信じ、求めざるをえないと考えた。そうでなければ、この世はあまりにも真っ暗闇ではないかと訴えた。

カントもハイデガーも「良心」が「責任」の担い手を構成するとしている点では一致している。しかし、カントは、「良心」を個人の規範的なあり方に関係づけると同時に、「良心」を「公共性」ともその根底において密接に結びつけようとした。それに対して、ハイデガーは、カントの言う「道徳」を「公共的良心」と捉えなおして、これこそ世人の声、あるいは「ひと」の声であると断罪する。明らかに、ハイデガーは、カントの「道徳」についての考え方に否定的な態度をとり、「良心」を「公共性」と内的に関連づけることを拒否し、「本来性／非本来性」という自己の固有なあり方と関係づけようとした。しかし、「良心」と「本来性／非本来性」を関係づける閃きは、カントの「道徳」に関する考え方を批判的に見直したからこそ生まれたものだと言えよう。

ヘーゲル

ヘーゲルはその主著・前掲『精神現象学』の序文で「死を避け、荒廃から身を清く保つ生命ではなく、死に耐え、死のなかでおのれを維持する生命こそ精神の声明である。精神は絶対的な絶望状態に身を置くからこそ真理を獲得する」と明言し、「人間が死ぬ運命にないならば、自己を超越することはできない」と記している。

このヘーゲルの記述は、まさしく、ハイデガーの「他ならぬ自分自身の、他から隔絶された可能性、すなわち『死の可能性』から逃げないことで、『死へと関わる本来的存在』すなわち『実存の真理』を獲得する」ということや、「死は存在の最高の証」ということを想起させる部分である。

また、ヘーゲルは序文の他のところで「真理とは全体のことだ」と言っているが、ハイデガーは、このことを踏まえて、『存在と時間』の第一部第二篇のところで、「これまで問題となっていたのは、現存在の非本来的な存在、全体的ではない現存在にすぎない」として、「現存在の全体的存在を究明するには、死の存在論的・実存的概念を獲得しなければならない」と述べている。

キェルケゴール

キェルケゴールの考えによると、人間は心霊的なものと身体的なものとの綜合であり、それを統一するのが「精神」であり、その「精神」は神の規定した人間の本質である。

彼は、著書『死に至る病』（斎藤信治訳、岩波文庫）の中で、この「精神」が煩う病が絶望であるとし、こう説明している。絶望とは外面的なものではなく、内面的なものである。確かに、絶望に起因するものとは、会社を解雇されたとか、失恋したとか、大切なものを失ったとなどといった外的な要因がある。しかし、そのような外的なものに絶望するのは刹那的なことにすぎず、そうした状態になる自己自身の自己否定が永続的に続くことから生じる苦しみこそ、絶望なのである、と。こうして、絶望とは、「死よりも苦しい苦悩をもちながら、死にながら生き続ける状態である」ということになる。

「自己」に関しては、同書に「自己とは、その関係がそれ自身に関係するということ」であると書かれている。わかりやすく説明すると次のようになる。人間はそもそも、心霊的なものと身体的なもの、無限と有限の綜合である。この二つの関係は固定的なものではなく、均衡と不均衡の状態にある。無限に比重が偏ったり、有限に比重が偏ったりして、不均衡状態になる。しかし、不均衡状態があるということは均衡状態もあるということになり、この二つの関係は固定的ではなく動的なものである。

ハイデガーは、この均衡状態の関係を「本来性」、不均衡の状態を「非本来性」と呼ぶことにしたのだろう。このハイデガーの呼び方で、「自己とは、その関係がそれ自身に関係するということ」を説明し直すと次のようになる。「その関係」とは、「本来的関係」（本来性）あるいは「非本来的関係」（非本来性）であり、「本来的関係もしくは非本来的関係」が、「それ自身」すなわち「本来的な関係もしくは非本来的な関係」に「関係する」ということである。この「関係する」とは「態度をとる」ということであり、「意識する」ということである。要するに、「その関係がそれ自身に関係するということ」とは、「本来的な関係」が「本来的な関係」を意識することであり、「非本来的な関係」が「非本来的な関係」を意識するということである。その関係を「神」が「精神」を介して措定する、とキェルケゴールは考える。この関係を、ハイデガーは「非本来性」が「本来性」を意識するという構造に仕立て直し、「精神」を「気遣い」に、「神」を「良心の呼びかけ」に置き換えたように思われる。

ヤスパース

死んだら死んだとき、死んだらもう自分はいなくなるんだから、死は自分とは関係ないという考え方に、ヤスパースは主著『哲学』（小倉志祥・林田新二・渡辺二郎訳、中公クラシックス）の中で、こう批判する。「その考え方は、死による非存在という事態に思い至ったときの、ぞっとするような気持までも取り除いてくれることはない。確かに死を見つめているようには思われるが、しかし、実はただ、本質的な点ではそれだけ一層深い健忘症を招いているにすぎない。つまり、次のことが脇へと追いやられているのである。すなわち、私はまだやり遂げなければならないことを抱えているということ、私は完成していないということ、私はまだ償いをしなければならないということ、…である」と。

キエルケゴールの影響を最も強く受けた学者であったことを考慮すれば、ヤスパースの「私は償いをしなければならない」という言及には、「原罪」の意識があったことは否めない。ハイデガーは、この「完成していない」とか「償いをしなければならない」という考え方を、「未済であること」という考え方に置きなおしている。ハイデガーは、キリスト教的視点を経済的な視点から捉え直して、次のような解説の仕方をしている。〈現存在には死にいたるまで抹消しがたい「なお〜ない」が、すなわち非全体性が属している。これを「未済」と理解することはできない。たとえば貸金の残金については未済であるといわれるが、現存在にとって可能なその死である「なお〜ない」は、そのような欠落としての未済ではない。「なお〜ない」が補充されたとき、現存在はもはや存在しないからである〉と（未済に関しては八五頁参照）。ハイデガーは、さらに果実の例を取り、果実にとって成熟はその完成であるけれども、現存在にとって死は必ずしも完成であるとは限らない、とも述べている。

つまり、ハイデガーは、現存在は、存在している限り、すでに自分の「なお〜ない」であり、常に自らの終わりであって、死とは現存在にとって「終わりへと関わって存在していること」である、と捉えなおしている。

ヤスパースは、もう一つの著書・前掲『哲学入門』で、死を一つの限界状況（Grenzsituation）と捉え、次のように記している。「私たちはあたかもこれら限界状況が存在しないかのように、目を閉じて生活することによって、これら限界状況から逃避して、単なる現存在の状態において生きるという場合がしばしばあるのです。私たちは、自分が死ななければならないということを忘れる。自分が罪を負っていること、偶然の手に委ねられているということを忘れる。そこで私たちは自分の現存在的関係から駆り立てられ、具体的な状況にのみかかわりあって、それらを自分のために支配したり、世界内において計画や行動によってそれに反応的に対処したりするのです。しかし私たちが限界状況に対していかなる態度をとるかといえば、それはこの限界状況を糊塗するか、あるいは私たちが限界状況を本当に把握する限り、絶望と回生によってそれに対処するかの、いずれかであります。後者の場合私たちは、自分の存在意識を変革することによって自分自身になるのであります」と。このヤスパースの「限界状況」という言い方をハイデガーは『存在と時間』の第二篇第二章でそのまま使用しているだけでなく、死に関するヤスパースの考え方は、根本的に、ハイデガーの「非本来性から本来性へ覚悟」という考え方と一致する。ハイデガーは、死のことをこう言っていた。簡潔に述べるとこうである。現存在は、日常生活において、世界の所有に固執し、「死へと関わる存在」であることから逃避し、真の「存在」を隠蔽しているが、そうではなく、自分自身の、他から隔絶された、追い越しえない可能性をから逃避せず、「死へと関わる存在」ということを隠蔽しないならば、自分自身の「真の存在」と向き合える。そうなると、その死にどのように向き合うかが、私たちの生き方の質を定めるということになる。

キェルケゴール↓ヤスパース↓ハイデガーという繋がりは、ハイデガーが両者をどう批判しようと、揺るぎないものになっていることはおわかりであろう。

東洋の死生観

孔子と老子

孔子は『論語』の中で、「季路問事鬼神、子曰、未能事人、焉能事鬼、曰敢問死、曰未知生、焉知死。」［季路《きろ》、鬼神に事《つか》えんことを問う。子曰《しのたま》わく、未だ人に事《つか》うること能《あた》わず、焉《いずく》んぞ能《よ》く鬼に事《つか》えん。曰《い》わく、敢《あえ》て死を問う。曰《のたま》わく、未だ生を知らず、焉んぞ死を知らん」と言っている。

この文意は、季路が鬼神（祖先の神霊）に仕える道について尋ねたのに対して、孔子は「まだ人に仕えることもできないのに、どうして鬼神に仕えることができようか」と答え、季路の死についての問いかけに対して、孔子は「まだ生の意味もわからないのに、どうして死の意味がわかるだろうか」と答えた、ということである。孔子は、鬼神に仕える道を尋ねる前に、まず人に仕える道を尋ねるべきであり、死の意味を問う前に、まず生の意味を問うのが順序である。物事には順序というものがあるのだと言いたかったのではないだろうか。

また、最愛の弟子顔回（顔淵）が早逝したとき、孔子は次のように嘆いたといわれている。

「顔淵死、子哭之慟、従者曰、子慟哭、子曰有慟矣、非夫人之為慟、而誰為慟。」［顔淵《がんえん》死す。子これを哭《こく》して慟《どう》す。従者の曰《のたま》わく、子慟せり。曰《のたま》わく、慟すること有るか。夫《か》の人の為に慟するに非ずして、誰《た》が為にかせん］。

現代語訳「顔淵が亡くなったとき、孔子は大声をあげて泣き、悲しみのあまり身もだえした。そばにいた弟子が言った。『先生は悲しみのあまり身もだえしていました』。孔子は『そうか身もだえしていたか。彼のために身もだえせずに、誰のために身もだえしようというのか』と言った」。

この文意からは、最愛の弟子の死を心から悼み、嘆き悲しんでいる孔子の姿が目に浮かぶ。死に対する深い洞察が語られるのではなく、愛する近親者の死に直面した孔子の自然な感情が吐露されている。死に面した人間の誠の心情が溢れている。

この二つの引用文から孔子の死に対する考え方が見えてくる。孔子は、死を悲しむべきこととして率直に受け取ること、死の問題よりも生の問題の方が身近であるから、我々は現実の身近な問題の方から、一つ一つ順に解決していくべきだということを説いている、と理解できる。

老子も、死をことさら避けようとするのではなく、自然な成り行きとして、あるがままに受け入れることの大切さを説いている。『老子』第五〇章にはこうある。

「出生入死。生之徒十有三。人之生、動之死地、亦十有三。夫何故。以其生生之厚」［生に出でて死に入るなり。生の徒は十に三有りて、死の徒も十に三有り。人の生きて、動きて死地に之《ゆ》くものまた十に三有り。それ何故ぞ、その生を生きんとすることの厚さを以てなり］。

現代語訳「生まれてきて、そのうち死ぬのである。この中で、十分に生きるひとは十人に三人（三分の一）、死の方に早めに行ってしまうひとが十人に三人（三分の一）いる。生き抜こうとしていろいろ行動して、そのせいで死の方に向かってしまうものがまた十人に三人いるのだ。なぜそんなことになるのか。生き抜くことへ意志が強すぎるからである」。ここには運命論的な考えが見て取れる。人間の寿命はそれぞれ定まっているのに、自分の生に執着してあれこれ作為するするとかえって寿命を縮める結果となってしまう。それ故、無為自然な態度で与えられた生をあるがままに受け入れ、その生を楽しむことが肝要だと説いている。

荘子

古代の中国の思想家の中で、おそらく死について最も深く思いを巡らしたのは荘子であろう。荘子は、死についての孔子と老子の関心は専ら生の考察にあって、死の考察にはなく、両者とも、生を正しく生きる者だけが、穏やかな死を迎えることができると考えている、と主張する。死についての荘子の基本的な考え方が示されている、荘子内篇第六『大宗師篇』の一節にはこうある。

「死生命也、其有夜旦之常天也、人之有所不得與、皆物之情也、彼特以父為天、而身猶愛之、而況其卓乎」［死生は命なり。其の夜旦《やたん》の常あるは天なり。人の与《あずか》るを得ざる所あるは、皆物の情なり。彼特《た》だ天を以て父と為して、身は猶これを愛す。而るを況んや其の卓たるをや］。

現代語訳「死と生は運命である。夜と旦（朝）が常にあるのも自然である。人間の力ではどうすることもできないのが、万物の真相である。人は父を天とあがめて、愛情を注ぐのだから、万物から卓越したものを愛するのは当然である」。

また、「夫大塊載我以形、労我以生、佚我以老、息我以死、故善吾生者、乃所以善吾死也」［夫れ大塊《たいかい》我れを載《の》するに形を以てし、我を労するに生を以てし、我を佚《いつ》にするに老を以てし、我を息《いこ》わしむに死を以てす。故に吾が生を善しとする者は、乃ち吾が死を善とする所以なり］。

現代語訳「私を大地にのせるために肉体を与え、私を働かせるために生命を与え、私を楽しませるために老を与え、私を休息させるために死を与える。それだから自分の生をよしとする者は、自分の死をもよしとすることになる」。

この二つの引用文からわかることは、死はまずもって運命として受けとられているということである。夜と朝が規則的に巡るように、生と死は相互に循環し回帰するのが自然である、と説いている。従って、それを人間が自分の力で変えることなどできないし、どんな作為も無益である。だから、そのことを認識し、それに従って生きるのが最善の生き方である、と言っているのである。

「私を働かせるために生命を与え、私を楽しませるために老を与え、私を息わせるために死を与える」という言葉は、「額に汗して一生懸命生きた者だけが安らかな死を迎えることができる」という人生観が読み取れる。

さらにもうひとつ、荘子の死生観をよく表している、荘子外篇第二十二の言葉を見てみよう。

「生也死之徒、死也生之始、孰知其紀、人之生、氣之聚也、聚則為生、散則為死、若死生為徒、吾又何患、故萬物一也」［生や死の徒、死や生の始め、孰《たれ》か其の紀を知らん。人の生や、気の聚《あつ》まれるなり。聚まれば則《すなわ》ち生と為り、散ずれば則ち死と為る。若し死生を徒と為せば、吾れ又た何をか患《うれ》えん。故に万物は一なり］。

現代語訳「生には死が伴い、死は生の始まりである。誰がその初めと終わりを知り得よう。人の生は気が集まったものであり、集まれば生となり、散じれば死となる。生と死が一体であるとすれば、私は何を思い煩うことがあろうか。このように、もともと万物は一なるものである」。

ここでは、生死は気の離合集散であり、もともと一なるものであること、従って生と死は切り離せないものであり、そのあるがままに受け入れるべきものであることが説かれている。

以上の荘子の考えをまとめると、まず言えるのは、死は運命であるということである。それは人間の力ではいかんともしがたいものであり、従って我々はそれをあるがままに平静に受け入れざるを得ない。死を運命として、これに随順していく無為自然の生き方をすべきである。次に、生死は連続した循環であり、それは夜と朝の交替のように、自然の摂理に適っている。それ故、生死を切り離して考えてはならない。それは斉同なものであり、一体にして不二なるものである。さらに、生死は気の離合集散として説明されている。つまり、生は万物の根源である気の集合であり、死はその離散であると説かれている。

道元

ハイデガーがその資料を分析したかどうかは定かではないが、ハイデガーの死生観には荘子や道元の考え方が色濃く反映されている。

道元は、「生から死へと移ると考えるのは間違いである」と述べている。生と死の関係を生から死へと動く過程と見るとき、私たちの「生きることへの関わり」の姿勢は生と死の外にあり、死を将来の何かとして対象化し、現在の生も対象化している、と道元は言う。つまり、生と死を固定化したものとして分けることは、抽象的で現実から離れ、生と死を超えたところに立ち、思考が生み出した架空の場所に立って、生と死を対象化する概念的理解にすぎない、ということであろう。

道元の『正法眼蔵』第八巻の「生死《しょうじ》」には、こう記されている。「生より死にうつると心うるは、これあやまり也。生はひとときのくらいゐにて、すでにさきあり、のちあり。故（かるがゆえに）、仏法の中には、生すなわち不生といふ。滅もひとときのくらゐにて、又さきあり、のちあり。これによりて、滅すなわち不滅といふ。生といふときには、生よりほかにものなく、滅といふとき、滅のほかにものなし。かるがゆえに、生きたらばただこれを生、滅来らばこれ滅にむかひてつかふべし。いとふことなかれ、ねがふことなかれ」。

現代語訳「そもそも、生と死のありようは、生から死に移るのだと思うのは、まったくの誤りである。生とは、それがすでに一時《ひととき》のありようであって、そこにもちゃんと始めがあり、また終わりがある。だからして、仏法においては、生はすなわち不生《ふしょう》であるという。滅もまた、それが一時のありようであって、そこにもまた初めがあり、終わりがある。だからして、滅はすなわち不滅であるという。つまり、生という時には、生よりほかにはなんにもないのであり、滅という時には、滅よりほかには何ものもないのである。だからして、生がきたならば、それはただ生のみであり、滅がくれば、それはもう滅のみであって、ただひたむきにそれにむかって仕えるがよいのである。厭うこともなく、また願うこともないがよろしい」。

この一段で語られていることは以下の通りにまとめられる。私たちは生から死へと動いているのではなく、今生き、また同時に、年齢にかかわらず、死につつある。母親の胎内から生まれたばかりの新生児もすでに死に始めていると同時に、死の床にある老人もまだ生きている。死ぬことなしに生きることはなく、生きることなしに死ぬことはない。私たちは生きていることによって、常に死に直面している。人生のどの瞬間においてもすべて生であり、すべて死なのである。このように道元は語っている。

また、『正法眼蔵』の「現成公案」の巻にも、「生の死になるといはざるは、仏法の定まるならいなり、このゆゑに不生《ふしょう》といふ。死の生にならざる法輪のさだまる仏転なり、このゆゑに不滅といふ。生も一時のくらゐなり、死も一時のくらゐなり。たとえば冬と春」とのごとし。冬の春となるとおもはず、春の夏になるといはぬなり」。

この文意をわかりやすく解説すると、「生が死になったと言わないのが、仏法の定められた決まりで或る。このために不生（生せず）と言う。また死が生にならないことも、仏法の定められた教えである。このため不滅（滅せず）と言う。生は一時の姿であり、死も一時の姿である。例えば、冬と春のようなもの。人は冬そのものが春になると思わないものであり、また春そのものが夏になるとはいわないものである」ということになる。

このような説法から、道元は、荘子と同じように、生死を一条として、斉一な連続として考えていることがわかる。

ハイデガーが、荘子（紀元前三六九―紀元前二八六年）や道元（一二〇〇～一二五三年）の生死観を、を参考にしたのかどうかは定かではない。しかし、ハイデガーが、西洋の生死観の資料を基に考えに考え抜いた「死へと関わる存在」の考え方は、東洋において、遥か遠い過去にすでに存在していたのである。道元の「私たちは今生き、同時にまた死につつあるということ」という言葉と、「思うに、仏となるには、ごくたやすい道がある。それは、もろもろの悪事をなさぬこと、生死に執着する心のないこと、そして、ただ、生きとし生けるものに対してあわれみを深くし、上をうやまい、下をあわれみ、なにごとを厭う心もなく、またねがう心もなく、つまり、心に思うこともなく、また憂うこともなくなった時、それを仏と名づけるのである。そして、そのほかに仏をもとめてはならない」（『正法眼蔵』）という教えは、遥か遠い昔にすでに、ハイデガーに先だって説かれた死生観である。この「仏」を「本来性」として読めば、この教えこそまさしく、ハイデガーの「人間の本来のあり方」に関する考え方と一致する。ハイデガーはこう言っていた。「死への自覚によって、『死へと関わる存在』として、人間は頽落から脱し、世俗の欲望への執着や自己中心的な態度から解放され、他者を真の意味で共存するものとして了解し、本来的な実存の可能性を促し合うことができる」と。

柳田国男

柳田は、生と死は絶対の隔絶であることには変わりないと言いながらも、日本人の場合には、「死後の世界を近く親しく、何かその消息に通じているような気持ちを抱いていた」とし、日本的なものとして四つの特徴を挙げている。「第一には死してもこの国の中に、霊は留まって遠くへ行かぬと思ったこと、第二には顕幽二界の交通が繁く、単に春秋の定期の祭りだけなしに、いずれか一方のみの心ざしによって、招き招かるることがさまで困難でないないように思っていたこと、第三には生人の今際《いまわ》の時の念願が、死後には必ず達成するものと思っていたことで、これによって子孫のためにいろいろの計画を立てたのみか、更に再び三たび生まれ代わって、同じ事業を続けられるもののごとく、思った者の多かったというのが第四である」(『先祖の話』、角川ソフィア文庫)。つまり、日本では、死者は墓所(墓所は生者と死者の待ち合わせ場所にすぎない)にはおらず、目には見えなくとも、生者の心に常に寄り添い、交わり続ける「生きている死者」であり、法要、お盆、お彼岸、正月、お祭りなどのときだけでなく、どちらかが願いさえすれば、いつでも交流が叶うと考えられていたし、死者は子孫のためにいろいろと計画を立てて何代にもわたって寄り添い、支え続けてくれると感じられていたのではないか、そしてまた今でもそうではないかと柳田は語っているのである。柳田の死生観は、生者と死者とのつながりについて論じたという点で他に類を見ないが、死生観そのものは、ハイデガーの死生観とさほど異なるものではない。日本的に表現されているだけである。また、同書で柳田が言及する、死者が寄り添い語りかけてくる「言語でも声でもない、言葉にならない死者のことば」というもの、ハイデガーの「良心の呼び声」に思えてならない。

第八章　「死」との本来的な関わり方

これまで「死」、頽落、非本来性を詳細に見てきた。では、非本来性ではない本来性とはどのようなものであろうか。『存在と時間』の第二篇第一章から二章にかけて、ハイデガーは本格的に本来性とはどのようなものかを考察している。

まずはこう切り出す。「死へと関わる本来的存在」とは、頽落を繰り返す、非本来的存在とは逆のあり方であるわけだから、他ならぬ自分自身の、固有の存在可能性から逃避せず、その可能性を隠蔽しない存在ということになる。そうであるならば、「死へと関わる本来的存在」は、その際「死」をどのように了解するのであろうか。そしてその際、現存在はどのようなあり方をしているのであろうか。

ハイデガーは、死という可能性への関わりを、事物的なものの可能性への関わりと明確に区別する。事物の場合、例えば道具を用意したりする際に、今そこには見当たらなくとも、実際その道具を用意してそこに存在させるとか、その道具がなくとも何か代わりのもので代用するとかして「現実化」が行われる。しかし、「死へと関わる存在」の死は、他ならぬ自分自身の、他から隔絶された、代理不可能な死であり、そのような死の現実化を配慮しつつ目指すなどということは絶対にできない。というのも、死という可能性が現実化されたということは、現存在はすでに死んでしまっていることになり、現存在は「死へと関わる存在」であることはできないからである。現存在は、この死の可能性に対しては、その実現がいつになるかを算定したり、意のままにしたりすることはできない。ただひたすら耐え抜くという仕方でしか関わることができない。死はいつでも訪れるものとして受け止めなければならないのである。

死の可能性への先駆

死へのこのような関わり方を、ハイデガーは「可能性への先駆（Vorlaufen in die Möglichkeit）」と名づけている。可能性への先駆とは、他ならぬ自分自身の固有な、究極的な存在能力である死を、常に差し迫ってくる、己の意のままにならない可能性として、ただひたすら耐え抜き、受け止めるものとして了解するあり方である。つまり、死の可能性を運命として、現存在の他の可能性に先んじて受け止め、そこから自分の生を決める態度のことである。言い換えれば、この死への先駆（Vorlaufen zum Tod）は、死を隠してそこから逃避することなく、いつか自分も死んでいくのだという事実をはっきり自覚した上で選択・決断してゆくということである。

ちなみに、仏教の教えの流れで言うなら、『法華経』や『維摩経』、曹洞宗道元の『正法眼蔵』に出てくる「信解《しんげ》（アディムクティ）」というものだろう。「アディ」は「〜に向かって」、「ムクティ」は「解き放つ」という意味であり、「アディムクティ」で「何かに向かって心が開く」という意味になる。そして心が磨かれ澄み渡り、迷いがなくなって清らかになった状態「浄信（プラサーダ）」になり、「成仏する」、即ち「真の自分に目覚める」のである。また、仏教の「法・真理」では、「自ら」あるいは「法」を拠り所にして、他人を拠り所にしないことが説かれている。小乗仏教と大乗仏教を、いわゆる弁証法的に止揚してできた『法華経』の成立が紀元五〇年から一五〇年あたりだと考えると、ハイデガーの、「死への先駆」による「他者との関連を欠いた」「自己の本来性」という考えは、東洋では遥か昔にすでに存在していたものと言える。

ハイデガーは、この死の可能性への先駆が現存在をどのようなあり方に変えられるのかを、「最も固有である」、「関連を欠いている」、「追い越すことのできない」、「確実である」、「未規定である」という契機から説明している。

ハイデガーによれば、先ず、死はもとより、現存在の「最も固有な」可能性であり、この可能性へと関わることによって、現存在の最も固有な存在可能が開示される。つまり、日常の自明性の中で生きる「人」とは訣別し、自分の真になすべきことへと開かれることが可能となる。次に、「死は関連を欠いた」可能性（Unbezuglichkeit）である。最も固有な存在可能を引き受けることによって、現存在は「単独化（Vereinzelung）」される。この単独化によって、「人」に迎合する、日常的な様々な配慮などはどうでもよくなっていることが明らかとなる。そして、最も固有で関連を欠いた可能性として死は、「追い越すことのできない」ものである。この追い越すことのできないという性格を正しく了解することによって、「自己放棄」の可能性が自分に迫ってくることが明らかとなる。この可能性を了解することで、単なる自己保存の欲求に基づいた様々な可能性の空しさから解放され、「無私」の行為の可能性が開かれ、死に対して自由になり、本来的に実存する可能性が顕在化する。

更に、死は確実だという性格をもつ。現存在が死の確実性を了解したと言えるのは、そのことを自分自身の可能性として受け止めたときである。死が確実であることは他者の死の経験によっては知ることなどできない。デカルトの《cogito ergo sum》「われ思う故にわれあり」のように、伝統的な哲学では、私、意識、体験などが絶対確実なものとされてきた。しかし、ハイデガーは、このような確実性は死への先駆で示される確実性には到底及ばない、と言う。まさに死への先駆にあってこそ、真なる自己が確実に開示されるのである。

尚も、死にはいつ訪れるかわからないという「未規定性」が属する。現存在は死へと先駆するとき、常に死の脅威を感じているわけだが、それがいつなのかわからない。まさに死の未規定性に直面している。こうした死の脅威で現存在は不安という情態を露わにする。勿論、ここでは自殺のように自分から死を積極的に決めるということは問題になっていない。

以上ハイデガーが説明してきたことをまとめてみると次のようになるだろう。先駆は現存在の固有の可能性に直面させる。つまり、先駆により、現存在は、死に束縛されず、死に対して自由になり、自己の利害を離れ、自分の真になすべきことに目覚め、真に自分自身になりうるということである。

死への先駆と決意

ハイデガーは死への先駆と決意性を別々に規定しているが、第二篇第三章の「現存在の本来的な全体的存在可能と、気遣いの存在論的意味としての時間性」で両者の連関について論じている。ハイデガーによれば、決意性は、自分自身を徹底していくことにより、「先駆的決意性」という、その最も本来的なあり方をとるようになる。「決意性が、自分がそれでありうるものへと本来的に生成するのは、おわりへと理解しながらかかわる存在としてである。つまり死への先駆としてなのだ」（前掲『存在と時間』）と彼は言う。すなわち、現存在の決意性がどこまで本物であるかは、死の脅威を目の前にして、それでもひるむことなく決意性を担い続けることができるかどうかということである。具体例を挙げれば、ソクラテスやイエスやブルーノであろう。イエスは言わずもがな、ソクラテスも『ソクラテスの弁明』の中で語られているように、死の脅迫にひるむことなく、自分の倫理的立場を貫き通したことで、彼らの決意性がわかるだろう。ドミニコ修道士ジョルダーノ・ブルーノは、それまで有限だと考えられていた宇宙を無限であると主張し、コペルニクスの地動説を擁護した。異端であるとの判決を受けたが、自説を撤回しなかったために火あぶりの刑に処せられた。処刑の際には悲鳴ひとつあげなかったと言われている。

ソクラテス、イエス、ブルーノの倫理性と決意性は、彼らが死を辞せず、自分の立場を貫いたということによって際立っている。また彼らは死を辞さないことで、自分の「負い目のある存在」（詳細は後述する）を死の恐怖によって曇らされず純粋に認識し、それを最後の最後まで担うことができたのである。

このように決意性は自分をどこまでも徹底していくことで、必然的に死への先駆となるのであり、死への先駆は、ただ単に自分の死の可能性へと向き合うことを意味するのではなく、死という可能性を受け入れることによって、本来自分がなすべきことをなすという意義があった。そしてその死への先駆が本物であるかどうかは、その現存在が良心の呼び声（詳細は後述する）に従うことができるかどうかによって決まるのである。

「先駆」はどのようになされるのか

これまで、死の可能性への先駆のあり方を見てきた。これは、あくまでも現存在がそうしたあり方を取ることができる可能性を示しただけにすぎない。従って、次は、日常生活にあって頽落し、非本来性のうちにある現存在が、実際にそこから抜け出せるのか、またどのように抜け出し、どのように死の可能性への先駆を実現することができるのかを示さなければならない。

ハイデガーによれば、この先駆の契機となるのは「良心」という現象であり、「良心をもとうとする意志」あるいは「良心に従うこと」であるとしている。そして、その「良心」はそもそも気遣いの呼び声である、と彼は洞察する。思い起こしてほしい。気遣いとは、すでに指摘したように、現存在を現存在たらしめている当のもの、すなわち現存在の存在であった。この気遣いには、世界内部的存在のもとでの存在として、己に先だって世界の内ですでに存在しているという構造が含まれている。従って、「良心」は、現存在の自己が「ひとである自己」のうちにあるあり方から呼び覚ます声であるということになる。もっと言えば、現存在は「良心」において自分自身を呼び、その意味で呼び声は、他者から到来するものではないし、私のうちから、しかし私を超えて到来するものである。

ハイデガーの言葉を借りれば、「呼び声は、明示的に私によって（自分の意志で）遂行されるのではなく、むしろ呼び声は、自分の意志に反して、「それ」が呼ぶ（„Es" ruft）」としか言いようのないものである。では、「それ」とは一体「何」あるいは「誰」なのか、こういうものではないか、とハイデガーは自問自答する。呼び声が自分の意志ではどうにもならない性格をもつものとして、伝統的に「それ」とは神とか、生物学的な素因ではないかとされてきた。それに対して、ハイデガーはあくまでも実存的に、現存在の構造のうちから「それ」を捉えようとした。つまり、ハイデガーの言うEsは、フロイトのEsを基に（参考にしているのは間違いないのだが）、キリスト教的な神の声を人間に根源的に超越した形で備わっているものとして捉えなおしている。

フロイトのEs

元々フロイト（Freud）が唱えたEsはハイデガーのとは全く違うものであった。フロイトはその著書『自我とエス』（『フロイト全集18』本間直樹責任編集、岩波書店）の中で、人間の精神構造を「意識（私たちが普段自覚できる意識）、前意識（意識と無意識の中間にあり、努力や他者からの指摘により意識することのできる部分）、無意識（私たちが自覚できない心の領域―欲望や記憶などが抑圧されている）」という三構造モデルとは別にもう一つの精神に関する理論モデルに言及した。それは、人間の精神機能を「超自我、自我、エス（Es）」という三つの機能の相互作用として捉えようとした。このEsは、完全に無意識なもので、快楽原則にのみ従う。人間の欲動の原動力であると定義されている。自我（ego）は、主に心の中で無意識に働く。幼い時には快楽原則に従い、成長すると現実原則に従うものとされている。超自我（super ego）は、自我の一部で、意識的に働く。現実原則に従い、自我に良心を植え付けようとするものだとされている。こう振り返って見ると、フロイトの唱える「超自我」の方がむしろハイデガーのEsに近いことがおわかりであろう。

ハイデガーのEs

ハイデガーの言うEsは、「良心の呼び声」であり、居心地の悪い状態としての、自分の不気味さから発せられる、現存在自身（の呼び声）である。この呼び声は、物音も立てず、聞くことを覚悟させ、呼びながら理解させるものである。この呼び声は、世俗的な現存在を通り過ぎ、「ひとである自己」のうちの「自己」だけが呼びかけられ、公共的な威信にかまけている〈ひと〉を無意義性の中へと突き落とし、自己が自分自身へと連れ戻されるのである。

この呼び声は、「物音も立てずに」とあったように、「絶えずひたすら、沈黙という様態において語るもの」である。ちょっと余談になるが、筆者には、この呼び声が、サイモンとガーファンクルの歌う"The Sound of Sience"に思えてならない。特に、"...People talking without speaking people hearing without listening..."の部分の歌詞は、ハイデガーの「自己を喪失して聞くことは、空談（おしゃべり）という騒音に心を奪われたものである」という〈ひと〉の様態を現しているように思える。こうした様態から、本当の（良心の）呼び声を聞いて、空談から呼びかえされ、実存にもとづく存在可能という沈黙したあり方へと呼び戻される、と解釈できるのではないかと筆者は思い込んでいる。ハイデガーは勿論、the sound of silence (der klang der Stille) という表現を実際使ってはいない。しかし、良心の呼び声は、the sound of silence という様態で語ってくるものであると明示されている。勿論、サイモンとガーファンクルの "The Sound of Silence" の解釈に関しては、宗教色が濃く、侃侃諤諤の議論があることは承知の上である。また、サイモンが宗教とは全く無関係につくったと言っても、やはり部分的には宗教的に解釈できるものになっていると言わざるをえない。とにかく、聴いてみてはどうだろう。ひょっとしたらわかってもらえるかもしれない。

神谷美恵子はその著『生きがいについて』(みすず書房) の中でこんな風に語っている。「ひとは自己の精神の最も大きなよりどころとなるものを、自ら苦悩のなかから創り出しうるのである。知識や教養など、外から加えられたものとちがって、この内面から生まれたものこそいつまでもそのひとのものであって、何ものにも奪われることはない」と。つまり、人はもっとも確かなものを苦悩の中から生み出す力をもってる。また、それは知識などとは異なって、忘れることも、消えることもない。私たちはともすると物質や金銭、あるいは名誉や地位、権力といったものに日頃たよりがちであるが、この確かなものは、内面から湧き水のように立ち上がり、決して誰にも奪われることがない、と語っているのである。それこそまさに、ハイデガーが良心の呼び声を、その人その人がその固有の存在に対して語りかける、その人なりの沈黙の声だと言っていることに合致する。

スピノザとの類似点

スピノザは真理というものをどう捉えればよいかと考え、次のよう定理を出している。「実に、光が光自身と闇とを顕すように、真理は真理自身と虚偽との規範である」(前掲『エチカ』第二部定理四三備考)。どんなものも光があってこそ見えるわけだが、光がなくても見えるものは光である。光は光を照らす光を必要としない。光は光だけで自らを顕せる。真理もそれと同じであると言うのである。つまり、真理の基準は存在しない。真理の基準など真理の外に見いだせるものではない。真理そのものが真理の基準であり、何が真理かがわかれば、何が虚偽かもわかるということである。もっと砕いて言えば、真理とは「自分が真理である」と語りかけてくるものであり、真理を獲得すればおのずと「これは真理だ」ということとわかり、それ以外に真理の真理性を証明してくれるものはないということである。

スピノザの考える真理は、他人に「これが真理だよ」というぐあいに教えたり、他人を説得したりするようなものではなく、真理と真理に向き合う人間との関係を問題にしている。真理に向きことで心理が真理であるとわかるというのである。そして「真の観念を有する者は、同時に、自分が真の観念を有することを知り、かつそのことの真理を疑うことができない」(同書、第二部定理四三)とも語っている。つまり、真の観念を獲得すればそれが真であるということがわかると言っている。真の観念を有する者だけが真の観念がわかっていて、真の観念を有していない人は真の観念がどんなものかはわからないということである。ハイデガーの良心もスピノザの考える真理に極めて似ている。どちらも、自分自身で摑み取るものであり、誰かに教えたり説得したりできるようなものではない。自分自身の中から、自分との関係の中から、自分の変容と共に顕れるものなのである。

第九章　カントとハイデガーの良心

公共性の捉え方

ハイデガーがカントの良心の解釈を参考にしたのは間違いない。ここでは、両者の良心解釈の相違点と類似点について考えてみたい。

カントは良心を「内的法廷」あるいは「道徳的法廷」と呼び、次のように言及している。

「……良心とは、『道徳』法則が適用されるそれぞれの場合に、人間に対してその義務を示し、無罪あるいは有罪を判定する実践理性にほかならない」「良心は、人間が逃げ出そうと思っても、影のようにその人につき纏う」「良心の声が聞こえるのを避けることはできない」（『道徳形而上学原論』篠田英雄訳、岩波文庫）

これをもっとわかりやすく説明してくれるのが『アルプスの山の少女　ハイジ』（ヨハナ・シュピリ著、植田敏郎訳、新潮社）の中でクララのおばあさんがペーターに向かって優しく諭しているセリフだろう。「神さまは何もかもご存じで、だれかが悪いことをかくそうとするのをごらんになると、すぐその人の心の中にいる番人を呼び覚まされるのよ。番人は持っている小さいとげで、その人の心の中を続けざまに刺すんです。だから、そういう人は一時も落ち着いていられません。それどころか番人はひっきりなしに、『みんなばれてしまうぞ！　おまえを罰するためにすぐ連れに来るぞ！』と言っておどします。それでその人はいつも不安と恐怖におびやかされて暮らさなきゃならないの」と。

カントの「内的法廷」としての良心では、私は「裁判官」として「裁く」と同時に、「被告」として「裁かれる」のであり、カント的「良心」の法廷では「裁く」という能動性だけではなく、「裁かれる」という受動性がある。カントは、その能動性を、「理性的存在者」、受動性を「現象的存在者」に分けている。用語法はもちろん異なるものの、ハイデガーは前者を「呼ぶ者」、後者を「呼ばれる者」と捉えなおしている。

もとより、カント的良心は、「理性の実存的使用」を通して、「道徳的法則」と密接に結びついていて分離することはない。それに対して、ハイデガーは、カントの「道徳的法則」は平板化された「ひと」の声そのものであると指摘し、「道徳性」を「通俗的」と見なし、根本的に拒否している。

要するに、カントは「理性の実存的使用」を介して「良心」と「道徳的法則」を内的に連関させて、「良心」を理解しようとするが、ハイデガー的「良心」は、その呼び声に呼びかけられて最も固有な自己存在へと呼び起こされるにしても、「道徳的法則」地平を退けている。その点では、カントとハイデガーは決定的に対立するが、「良心」によって責任ある（負い目ある）主体としてのあるべき自己存在が確立するという点では、カントもハイデガーも同じだといえるだろう。

時間概念を通しての良心論

カントが良心の現象について言及している箇所は、先ほど引用した前掲『道徳形而上学原論』と『実践理性批判』の第三章「純粋実践理性の分析論の批判的解明」というところである。

「我々の内なる驚嘆すべき能力、すなわち我々が良心と呼ぶところの能力の下す判決がある。或る人は、道徳的法則に反する自分の振舞を想起して、これを故意に犯したのではない過失であり、とうてい避けることのできなかった不注意であり、けっきょく自然必然性という暴流に押し流されたのであると言って事実を糊塗し、この振る舞いに関する限り自分には責任がないということを言明するために、いかようにも言い繕うかも知れない。しかし彼が不正を犯したときには彼は正気であったこと——換言すれば、自分の自由を用いていたことを覚えていさえしたら、彼とても自分のために弁護の労をとる弁護人が、彼の内なる原告（良心）の訴えを決して沈黙せしめ得ないことを知るのである。それにも拘わらず彼は、自分に言い聞かせるために、彼の反法則的行為の根拠を説明して、自分自身に対する細心な注意を次第に怠ったために悪習慣を引き入れ、それが嵩じてついに法則に反する行為を、かかる悪習慣から自然（必然）的に生じた結果と見なす仕儀に立ち到ったのであると弁明するが、しかしそう言ってみたところで、彼が自分自身に加える自責と非難とから自分を護ることはできないのである。こういうことがあるので、久しい以前に犯した所業を思い起こすたびに、過去のかかる行為に対して後悔の念が起きるのは当然である。後悔は、道徳的心意によって生じた痛苦の感情である。…後悔が痛苦であるということには、正当な理由がある。理性は道徳的法則を問題にする場合には、時間の前後を問うことなく、ただこの出来事（行為）が反法則的な諸行として自分に属するかどうかを問うだけであり、件の出来事がいま起きたのか、それともずっと以前に起きたのかということにかかわりなく、後悔の感情をほかならぬ当の出来事に、道徳的に連結するからである」とある。

カントは、すべての人間は道徳的存在であり、こうしたものを根源的には自分のうちにもっていると語り、引用文の後半にあるように、こと道徳に関しては時間様態（過去・現在・将来）は関係ないと述べている。つまり、実践理性すなわち良心の声は、犯行がいま起きているのか、はるか昔に起こったことなのかには関係なく、悪いことは悪いと判断し、悪行に苦痛を結びつけると言うのである。

もっとわかりやすく言えば、反法則的な行為を犯した人は、自分の行為が自然必然的な因果関係によるものだと言い訳する人も、自分の行為を深く後悔する人も、その過去を想起し、つまり、その過去をいまこの瞬間として反復して意識することになる。このような過去への関わり方は、過去は過ぎ去り、もはや我々の手中にはないとする自然的時間概念だけからは生まれてこない。過去はもはやないのではなく、良心においては、過去はまだあるのであり、まだあるからこそ、良心は責めるのであり、その声に接する前出両者も後悔したり逃げたりするのである。

このように見てくると、カントもハイデガーも、良心現象を「過去は過ぎ去らない」という視点から捉え、人間存在の時間的なあり方に迫ろうとしたのではないだろうか。

呼ぶ者と呼ばれる者の様態

さて、呼ぶ者と呼びかけられている者について、もう少しハイデガーの説明を聞いてみよう。彼は、「現存在が呼ぶ者であり、同時に呼ばれる者である」と言い、次のように解説する。呼ぶ者とは、その不気味さにおける現存在（Das Dasein in seiner Unheimlichkeit）であり、居心地の悪さ（Un-zuhause）としての根源的な被投的世界内存在である。つまり、呼ぶ者とは、「被投性」にあって、自分の「存在可能」について不安に駆られている現存在である。そして、呼びかけられいる者とは「自分の最も固有な存在可能」へと呼び覚まされている、同じこの現存在である。

このような呼び声により、呼びかけられた者は、つまり、現存在は、〈ひと〉への頽落（配慮的に気遣われた世界のもとですでに存在していること）から呼び覚まされ、自分の最も固有な存在可能へと呼び覚まされているのである。それでは、その呼び声は一体何を告げ知らせるのであろうか。良心の呼び声は現存在に対して、どのようであることを要求しているのであろうか。

「負い目」の概念と解釈

ハイデガーは、日常的なドイツの語の schuldig と Schuld の用法から分析を始め、そこから Schuld の四つの意味を取り上げている。第一に、経済的な意味の Schuld として「負債」を挙げ、Schuld haben「借金／負債がある」という用法である。第二に、法律的な意味の Schuld「罪」として、sich schuldig machen「罪になることをする」とか、sich strafbar machen「罪を犯す」という用法に見られ、「犯罪と刑罰」という対概念で使われる。第三に、道徳的な意味のSchuldは、倫理的な責任、あるいは良心の疚しさを表すものとして使われる。第四に、an ～ schuld sein、an ～ Schuld haben、die Schuld an ～ tragen「～に責任がある」とか「～に原因がある」という用法があり、この第四の用法をハイデガーは「何かの責任になっている」とか「何かの原因になっている」と捉えなおし、つまり、「自分が何かの原因であり、自分そのものの責任がある」と解釈している。

以上四つのSchuldの意味を、ハイデガーはドイツ語の用法から取り出しているように見える。しかし、最初の三つの用法は、おそらく、ニーチェが『道徳の系譜学』の『罪』と『疚しい良心』およびこれに関連したその他の問題」で展開した議論を踏まえているように思えてならない。ハイデガーがニーチェの議論を引用したと思われる部分を見てみよう。

ニーチェは『道徳の系譜学』(中山元訳、光文社)で「良心の疚しさ」の由来を分析するにあたり、次のような疑問を投げかける。

「これまでの道徳の系譜学者たちは、たとえばあの「負い目」という道徳の主要な概念が、きわめて即物的な概念である「負債」から生まれたものであることを、ごくわずかに夢想でもしたことがあるだろうか？　あるいは刑罰が、意志の自由や不自由などについてのあらゆる前提とはまったく別のところで、一つの報復として発展してきたものだということを、夢想したことがあるだろうか？」(同書)

ニーチェによれば、もともと、Schuldとは、債権者と債務者の契約関係（ハイデガーの第一の意味）で生じるものであった。債権者は、債務者が返済できない場合、債務者に損害の等価物で償ってもらうことができ、その等価物は債権者の所有物や肉体だけでなく、債務者（加害者）の苦痛（苦悩）でもありえた。更にまた、ニーチェは次のように問う。「苦悩はどうして『罪』を賠償するものとなりうるのだろうか？　それは『債務者に』苦悩を与えることで、『債権者は』最高度の快感をえるからである。『債務が返還されないことで』不利をこうむった者『債権者』が、その不利益と、不利益による不快感を償うものとして、いわばそれと引き換えに異様な快楽をうけとるからである」（同書）。ニーチェは、刑罰がこのように報復として発達したのだと言う。これはハイデガーの第二の意味に当たる。

　では、どうして加害者を苦悩させることによって得られる快楽が、報復の対価となるのだろうか。ニーチェによれば、それは人間が本質的に支配する意志、つまり、「力への意志」をもっているからである。この「力への意志」は法的な関係の上に共同体が成立することで顕在化することはなくなるが、力あるものが依然としてその力をふるっている。ところが、数の上では圧倒的に優位に立つが、力においては劣っている民は、その力を他者に向けて行使することができない。それ故、その力は内に向かうようになる。こうして、ニーチェは、「敵意も、残酷さも、迫害し、襲撃し、変革し、破壊することの快感も、すべてがこうした本能の持ち主へと向きを変えたのだった」と謳い上げ、「これこそが疚しい良心の起源なのだ」（第三の意味）と断言し、「疚しい良心というのは、一つの病気、道徳という病である」（同書）と主張している。

　芥川龍之介の「鼻」の話には、人間の根源的な「疚しい良心」についてヒントが隠れている。長くて醜い鼻の話である。あれこれ法を試みて短い鼻になるのだが、芥川はこの話をまとめてこう述べる。「人間の心には互いに矛盾した二つの感情がある。勿論、誰でも他人の不幸に同情しない者はいない。ところがその人がその不幸を、どうにかして切り抜ける事が出来ると、今度はこっちで何となく物足りないような心持ちがする。少し誇張して云えば、もう一度その人を、同じ不幸に陥れてみたいような気にさえなる。そうして何時の間にか、消極的ではあるが、或敵意をその人に対して抱くような事になる」と。そういう面があるというところに、人間の根源的な「疚しい良心」の起源があるとみることができるのではないだろうか。

「負い目あり」の根拠＝虚無性（Nichtigkeit）

ハイデガーは、「負い目あり」とはいっても、現存在のあり方に沿った形で捉えなければならないと強調する。

ハイデガーは「負い目あり」の根拠として「虚無性」を挙げているが、この虚無性は、すでに指摘したように、何かが欠如している原因により生まれるわけではない。現存在の存在そのものがすでにそもそも虚無性を帯びており、その意味で現存在は「負い目のある存在」なのである。だとすると、現存在のうちに潜む「虚無性」とはいかなるものなのか。ハイデガーは「虚無性」の三つの様相に言及している。

先ず、現存在の被投性という事実のうちに見て取れる。現存在は存在している限り、自分自身で自分の可能性を選び取っていかなければならない。その意味では、自分が自分自身の根拠である。しかし、そのように存在しているということ自体、実は、現存在が決定したことではない。そのように存在するように投げ入れられているのであり、そのように存在すること自体、自分の意のままにならないということになる。そのあり方を「重荷（Last）」として担っていかざるをえないのだ。

次に、ハイデガーはこう説明する。「現存在自分の実存的な諸可能性に対して自由である。自由とは、ひとつの可能性を選択することであり、他の可能性を選択せず、選択できないしだいに耐えることことのなかにだけ存在しているのである」と。言い換えれば、現存在は自由にそのつど何らかの可能性を選び、自分で自分のあり方を決定できる。ちなみに、こうしたあり方を、サルトルは、「自由の刑に処せられている」（『実存主義とは何か』）と表現し、次のように説明している。「自由そのものとして世界に投げ出された人間は、自らが行うことの価値を自分自身で決めていかなければならない。ひとたび世界の中に投げ出されたからには、人間は自分のなすこと一切に責任がある。価値を決定するのは神でも何ものでもなく、自分自身でしかない」と。そのことをサルトルは『（自由の）刑に処せられている』と言っている。ともあれ、現存在は、自分の可能性へと開かれた存在であるとはいっても、ひとつの可能性しか選択できず、他の可能性は選択できないというあり方をもっており、それに耐えて存在している。このような観点からも現存在は虚無性を帯びている。

以上の二つに加えて、ハイデガーはもう一つ、現存在の頽落のうちにも虚無性を見いだしている。現存在は他ならぬ自分自身の固有な存在能力から逃避し、それを引き受けていないというのが頽落の根本的な意味である。そのとき現存在は非本来的で、自分自身では「ない」という意味で「虚無性」を帯びている。つまり、現存在の頽落のうちにも「虚無性」が見られるということである。

現存在は現存在として存在する限り、常に「負い目」を負っている。「負い目」を負っているときがあったり、なかったりというようなことはありえない。現存在は「負い目のある存在」である以上、他ならぬ自分自身の存在能力を常に気遣うことになるため、現存在の存在は気遣いと規定される。つまり、現存在は負い目のある存在だからこそ、気遣いでなければならない。そして、このような「負い目」を告げ知らせるのがまさしく良心の呼び声なのである。

ユング心理学の視点から見た負い目ある存在とは

パウロにしてもルターにしてもキェルケゴールにしても、負い目のある存在とは「原罪」ということになるが、それでは具体性に欠けわかりにくいものとなっている。そこで宗教的には、それをユダ的人間として表し捉えやすくしている。イエスを裏切る、闇の面をもった存在として論じるのである。ドストエフスキーは、それを『罪の罰』の中でも、『カラマーゾフの兄弟』の中でも、登場人物すべてに演じさせている。『カラマーゾフの兄弟』の中では、アリョーシャの神体験を通して、赦しを請うしかない、人間存在そのものがもつ罪、生きていること自体がもつ形而上学的・宗教的な罪を語らせている(『現代と親鸞』第37号　芦川進一論文参考)。

親鸞聖人も、我々人間は煩悩からは離れられない、「存在としての罪」について、父親殺しの阿闍世や、釈尊を裏切った弟子の提婆達多の話を語り聞かせている。また、浄土真宗の妙好人、浅原才市は、自分の肖像画の頭の上に角を描き加えさせているが、それこそすべてを物語っているような印象を受ける。

ユング心理学では、その負い目を認めがたい自分の中の「影」と捉えている。その科学的分析では次のような説明になる。私たちの意識は、ある種の価値体系をもっている。他人を騙したり傷つけたりしてはいけないという社会的良識のみならず、親のしつけといった個人的色彩の強い価値体系もある。こうした価値体系において「悪」とされてきたものがその人の影であり、私たちはそれを無意識の中に封じ込めようとする。自分の影と直面することは、耐え難いものであり、影を肯定するするなどということは、ある意味でこれまでの自分を否定することにもなる。その耐え難い苦痛から逃れるため、たいていは影を抑圧し、影との交流を努めて避けようとする。その抑圧を強めれば強めるほど、影はより暗く、より強くなり、やがては自我への反逆を企てるようにもなる。しかし、心にそうした暗い影の部分があってこそ、「生きた人間」であり、「生きた人間」であるからこそ、陰影が生まれるのである。このように心理学でも当然のことながら、人間の二面性を捉え、分析の対象としているのである。まさにこの点で、西田幾多郎の「神とは悪魔まで含んで初めて神なのだ。否定があって初めて全体が一つのリアリティになる」（西田幾多郎『善の研究』）という言葉が浮かんでくる。

決意性（Entschlossenheit）

あらゆる現存在は現存在である限り、常に良心を自分のうちに備えている。従って、良心は常に現存在に呼びかけているわけである。しかし、現存在は良心の呼び声を通常聞き逃し、自分が「負い目のある存在」であることを通常意識していない。ということは、その呼び声に従うか、従わないのかは、各現存在の選択次第であり、その選択によって、その現存在が本来的であるのか、あるいは非本来的であるのかが決まるということだ。言い換えればこうだろう。現存在は現存在である限り、呼びかけにあって、「ひと」である自己（das Man-selbst）から、自己の最も固有な負い目のある存在へと呼びかけられている。その呼び声に従うかどうかは、現存在の選択次第となるが、負い目ある存在を選択することになれば、その呼びかけを理解することになり、その呼びかけを理解すること（Anrufverstehen）は「良心をもとうと意志すること（Gewissen-haben-wollen）」になる。この「良心をもとうとすること」を、ハイデガーは「決意性（Entschlossenheit）」と呼び、この「決意性」こそがまさしく現存在の本来性だと言うのである。

良心をもとうとする意志＝決意性の構造

この「良心をもとうと意志すること」の構造を、了解、情態、語りという三つの観点から見てみよう。先ず、「良心をもとうとする意志」において了解されていることとは、現存在が自分を他ならぬ自分自身の存在能力の可能性へと投企することだけでなく、個々の存在者への表面的な関わり方を脱し、その存在者に対する根源的な関係を引き受けることも、自分自身の可能性として理解されているということである。

次に、呼び声が了解されたときは、現存在は最も固有な存在として単独化され、単独化の不気味さのうちにある。つまり、現存在は、呼び声の了解によって、「ひと」の声に聴き従うことができなくなり、孤独の中で自分自身の可能性を引き受けることになる。こうして、「良心をもとうと意志すること」は、情態という観点からは不安に耐え抜く態度を意味することになる。

そして、語りという観点からは、「良心をもとうと意志すること」はどのように規定できるのだろうか。ハイデガーによると、呼び声は、呼びかけられた自己のうちに「自己対話」をひらこうとはしない。呼び声とのやりとりもない。自己を真理に付すのでもない。呼びかけられた自己は、最も固有な存在可能へと呼び覚まされているだけである。こうしたあり方こそが、呼び声を正しく理解している証拠となる。要するに、「良心をもとうと意志すること」に相応しい語りの様態は、沈黙という仕方で語る呼び声に対して、沈黙という仕方で応答することである。その際、「ひと」のおしゃべりや世間の目などはもはやどうでもよいものとなり、自分が良心に従っていることもあえて周囲に誇示する必要もなくなってくる。

決意性＝実存の真理

「良心をもとうと意志すること」すなわち「決意性」は、沈黙し、不安を厭わず、自分の負い目のある存在可能へと向けて自らを「投企」して、その存在可能の中で自分を「理解」することである。ハイデガーはこの「決意性」を「実存の真理」とも呼んでいる。ハイデガーによれば、『『決意性』は『実存の根源的真理』へと導く。決意することで現存在は「事実的な存在可能」にあって、自らを露呈し、また露呈されている。真理には「真とみなして保持すること」が属する。そのように決意性が真とみなして保持することは、（実存の真理として）、だんじて非決意性へと逆戻りさせられることではない」（前掲『存在と時間』）。わかりやすく言えば、決意することで現存在は自分の存在が余すところなく露わになっており、決して非決意性（非真理）、すなわち、現存在の不断の可能性へと舞い戻ることはないということである。『法華経』の「不退転の決意」に等しい。もっと言えば、この決意性、「決意性」から「非決意性」、「非決意性」から「決意性」へと繰り返すものではない。「決意性」は揺るがないものであるということである。だからこそ、「実存の真理」といえる。

ハイデガーの言う「決意性」は、現存在が他の存在者、例えば神のようなものに依拠することなく、「実存の真理」に達することが可能であることを示している。神学で神に従順であろうとする態度を、ハイデガーは「決意性」として捉えなおしていると考えられる。

神への従順に関して、パウロの『ローマ人への手紙』第一章五には「このキリストによって、私たちは恵みと使途の務めを受けました。それは、御名のためにあらゆる国の人々の中に信仰の従順をもたらすためなのです。」とあり、『詩編』第一一九章五七〜六〇（『ルターと詩編』竹原創一著、知泉書館）では「主はわたしの受くべき分です。わたしはあなたのみ言葉を守ることを約束します。わたしは心をつくして、あなたの恵みを請い求めます。あなたの約束にしたがって、わたしをお恵みください。わたしはあなたの道を思うとき、足をかえして、あなたのあかしに向かいます。わたしはあなたの戒めを守るのに、すみやかで、ためらいません。」とある。

事物や他者との真の関わり

ハイデガーは、現存在は、本来性においては、他との関連性を断ち切り、自分自身へと単独化されると述べている。そのため、そのあり方が、まるで事物や他者から切り離され、自分自身のうちに閉ざされたあり方であるかのように思われ、批判されてきた。しかし、ハイデガーは、そうした批判をされるまでもなく、記述の部分は少ないにもかかわらず、決意性によって事物や他者との関わりを喪失するのではなく、関わり方を変えるだけにすぎないと断っている。ハイデガーはこう言っている。「その際、開示性のうちにある「世界」が「別の世界（eine andere）」となるわけではない。手元にあるものへと配慮的に関わる存在と、他者たちと共にある顧慮的に気遣う共同存在が、その最も固有な『自己で在りうること』の側から規定されるにいたるのである」（前掲『存在と時間』）と。つまり、決意性は、道具的なものへの配慮にしても、他者を顧慮するにしても、現存在を世界から切り離したり、宙に浮くように孤立化させたりするのではなく、本来的な自己存在として、関わるようになると言うのである。

事物との真の関わり

日常生活においては、現存在の事物に対する関わりは「ひと」というあり方をしており、「ひと」として標準化されている。現存在は自分の関わっている事物に対する「根源的な存在関係」、すなわち「存在関係の真理」を見失っているのである。日常生活では、様々な事物が様々な可能性や属性をもつものとして現れてくるのだが、現存在がそうした可能性や属性を自明のこととして受け入れ、「ひと」として表面的にしか関わらないとすれば、現存在は事物の真のあり方を捉えていないことになる。

しかし、ハイデガーによれば、良心の呼び声に従うことによって、「ひと」からの脱却を決意し、物事をその真の姿において開示し、それに相応しい関わり方をするようになる。良心の呼び声により、物事に対して根源的な関わり方を引き受けるようになるのである。つまり、現存在は、決意性において、事物との関係を失うどころか事物との真の関係を確立する。

事物との真の関わり——アリストテレスの場合の例

そのような事物との真の関係とはどのようなものか。アリストテレスはその著書『ニコマコス倫理学（上）』の中で「目的はかくして幾つも存在すると見られるが、その或るもの（たとえば、富とか、笛その他一般に用具）は、われわれはこれをそのもの以外のことがらのゆえに選ぶのであるから、明らかに、すべての目的が必ずしも究極的な目的であるわけではない。しかるに最高善は何らか究極的な目的であると見られる」と述べ、「いかなる場合にも決して他のもののために追求されることのないものは、常にそれ自身として望ましく、決して他のもののゆえに望ましくあることのないようなもの」であり、究極的である」と説くと、琴の例を出して次のように語る。「琴の演奏者の機能は琴を弾くことにあり、すぐれた琴の演奏者のそれは琴をよく弾くことにある。そうであるとするなら、人間の機能とはある状態の生、すなわち魂のロゴス『論理』による活動や働きであり、すぐれた人間の機能はこの活動や働きをよく行うということにほかならない。つまり、人間が生きるあらゆる面において機能が発揮されるときによくそれが実現されるのであれば、人間の善とは人間のアレテー「徳」に応じた、もしもアレテーがいくつかあるときは最もすぐれた最も究極的なアレテーに応じた魂の活動であるということができる。そしてまた、それは一時的でも一過性のものでもなく、生の全体、全生涯をとおしての活動でもある」と。

アリストテレスはまたその著書『政治学』の中でも、笛を例にして次のように語っている。「笛吹きの術にかけては他の笛吹きよりすぐれているが、生まれのよさや容貌の美しさでは、はなはだ劣っているある一人の笛吹きがいると仮定して、この場合にたとえこれらのいずれかの長所（よさ）のほうが笛吹きの術よりはまさっているとしても、そして、この生まれのよさと容貌の美しさが笛を吹く技術よりすぐれている割合と、その笛吹きが笛を吹く技術にかけて他の笛吹きよりすぐれている割合とを比較考慮してみて、前者の割合のほうがまさっているとしても、それでもやはりすぐれた笛は、この笛吹きに与えなければならないのである」と主張している。この例はまさしく、物と人間の真なる関係を説いたものだと解釈できるだろう。

事物との真の関わり——読書の例

夏目漱石の『吾輩は猫である』とか『坊っちゃん』を例にとって見てみよう。『吾輩は猫である』にしても『坊っちゃん』にしても、映画化もされ、あらすじも書かれ、そこかしこに引用され、知らない人などいないと言っても過言ではないだろう。そのためか、小説の中の本当の結末も知らず、映画を見ただけで、解説書を読んだだけで、引用されている本を読んだだけで、ウィキペディアで調べただけで、知っているつもり、ないしは読んだつもりになっている。しかし、そうした読み方・見方は世間一般の平均化された態度であり、「ひと」としての読者の標準的な理解水準に合わせたものでしかない。映画にしても、解説書にしても、そこで語られている内容は、自分とは異なる他人にとって、この二冊の本がどのように解釈されたを示すものでしかない。『吾輩は猫である』であれ『坊っちゃん』であれ、その本を通して漱石が語ろうとしている事柄を自分自身で思索し、どうして漱石がそのように表現し、そのように語ったのかを追求し理解しようとすること、それこそまさしく、その本に対する真なる関わり方であり、「根源的な存在関係」といえるものだろう。

他者との関わり

決意性におけるあり方には、事物に対する真正な関わり方だけでなく、当然他者に対する真正な関わり方も含まれる。現存在が決意性の様態にあるときには、他者との共同存在はどのようなあり方になるのであろうか。何といっても、決意性においては現存在の単独化が強調されているので、本来性においては現存在は自分自身の存在だけに関わり、他者との関わりが喪失するかのように思われる。

しかし、ハイデガーは決意性のところで、「本来的な共同存在」にも言及し、「決意件は、本来的な自己存在として現存在をその世界から引き離すものではなく、現存在を宙に浮いた自我へと孤立させるものでもない。決意した現存在は共同存在している他者たちをその最も固有な存在可能にあって存在させ、他者たちの『良心』となることがありうる」（前掲『存在と時間』）と主張している。つまり、本来性における現存在は、自分固有の状況のうちで出会う物事に対して、真正な関わり方をしようとする。すると、そのような現存在の態度が他者に伝播して他者を感化し、他者自身も自分の固有な状況において本来の自分自身を取り戻すことへと促されるということが起こるかもしれないだろう。

先ほどの夏目漱石の本の例で言うと、漱石が『吾輩は猫である』とか『坊っちゃん』で語ろうとしたことは、わたしたちがその書物に真剣に取り組むことによってしか、漱石の真意は明らかにならない。そうした真摯な態度は他者の模範となり、他者にも同じような仕方でその書物に取り組むことを促すことになるかもしれない。そうした姿勢を指して、ハイデガーは、「先だって飛び込んで、解放する顧慮」と称し、先ほどすでに指摘したように、「決意した現存在は他者の『良心』となることができる」と述べている。

この顧慮は、他者が「ひと」への気遣いに対して自由になることを助け、他者の本来的な気遣いを取り戻してやることだと規定されている。決意性においては、現存在が自分自身の固有な存在能力を率先して気遣うことにより、他者の模範となるという形で他者との関わり方が成立している。

『法華経』の「常不軽菩薩品《じょうふきょうぼさつほん》」の中でも、他者との真の関わり方への言及が見て取れる。要約すると以下のようになる。真の自己に目覚めるがゆえに、自己の存在の重さ、愛しさが自覚できる。それはそのまま、他者の存在の重さ、愛しさを自覚することにもつながる。つまり、仏教でも、自己への目覚めが他者への目覚めと発展するという形で他者との関わりを説いている。要するに、ハイデガーの決意性のあり方はやはり遥か昔仏教の教えの中にあったということになるだろう。

決意性における状況

決意した現存在は事物や他者から切り離されるのではなく、それらと真なる関係、すなわち「根源的な関係」を引き受けようとする。そうであるなら、決意性はどのようなあり方をしているのであろうか。ただ良心に従って、事物や他者と根源的な関係を引き受けるにしても、それがどのようなあり方を意味するのかはやはり漠然としている。

ハイデガーによると、良心の呼びかけの理解が決意性につながり、良心をもとうと意志することになる。この場合の「良心の呼び声」は、現存在を「存在可能」へと呼び覚ましながら、「空虚な実存理想（Leeres Existenzideal）」をかかげはしない。つまり、規範や法則を与えるのではない。決意することで、具体的な行動の指針を想定するのは、自己存在能力へと呼び出す「呼び声」の性格を見誤っている。呼び声は「状況」へと呼び出す（in die Situation vorruft）のである。その「状況」とは、現存在が「現（いま、ここ）」に向かって決意していることで、自らにふりかかる様々な事情の「事実的な適所性」が自己に対して開示される現象である。噛み砕いて言えば、「状況」とは、決意した現存在はそれぞれ、ふりかかる様々な事情に対して、最も固有な存在可能として、事実的に可能なものをつかみ取り、おのれ自身の本来のあり方をすでに行動に移しているという状況である。

要するに、決意性とは、「ひと」が与えてくれる指針を離れ、決して平均化することのない自分固有の状況を引き受け、そこにおいてなすべき行動を選択する姿勢を意味する。従って、決意性で、何か確固たる指針を想定することは、所与の規範や法則を満たせば現存在の存在の固有性を実現できるという僻見に繋がる。そのような僻見をもつひとを、ハイデガーは「パリサイ主義」（宗教や道徳で形式にこだわり、内容を顧みないひとのこと）と呼んでいる。

第十章　「無」について

「存在と無の共属性」について

『存在と時間』の中で論じられているNichtigkeitは「無」「無―性」「虚無性」などと翻訳されている。仏教と禅宗の視点からすれば「空」ということになるだろう。いずれにしても、ハイデガーにとって「存在と無」は生涯にわたる研究テーマであった。未完に終わった『存在と時間』の後も、著書Was ist Metaphysik?『形而上学とは何か』（大江清志郎訳『ハイデッガー選集』理想社）やEinführung in die Metaphysik『形而上学入門』（川原栄峰訳、平凡社）の中で、ライプニッツの定式「なぜ一体そもそもなにかErwasがあるのであってむしろ無Nichitsがあるのではないのか？」という表現を、ハイデガーは「なぜ一体、存在者があるのか、そして、むしろ無があるのでないのか？」と言い換えて、「無」について引き続き徹底的な分析を継続している。

前掲『形而上学とは何か』で、ハイデガーは、「無」が考察対象になるかどうかを問い、不安によって可能であるとし、次のように説く。不安によって、在るもののすべては、辷り去り（Entgleiten）、無があらわになる。がしかし、無は単に消極的な無あるいは非、否の域にとどまるものではない。消極的な無の根底には積極的な無の作用がある。無の無化がある。無化とは「全体において沈みつつある存在事物を辷り去らせつつ指示することである。全体において辷り去りつつある存在事物を、かく全体において拒否しつつ指示すること　――かかる指示として無は不安において現存在のまわりに迫りくるのである　――が、無の本質、即ち無化（Nichtung）である」（同書）と。また別の個所でも無の性格を次のように記している。「無は対象でもなく存在事物でも全然ない。無は自らだけでは現れず、またいわば無が附着しているように存在事物のかたわらに現れもしない。無は、人間的現存在にとって、存在事物がそのものとして顕われることを可能にするのである。無は、最初に存在事物への対立概念をもたらすのでなく、むしろ根源的に存在事物の本質そのものに属しているのである。存在事物の存在の中で無の無化（das Nichten des Nichts）が生起するのである」（同書）と。

つまり、こういうことだろう。日常生活では、私たちは、有意義性の中で出会う様々な存在者とのみ関わり、これに没頭している。しかし、あくまでも個々の存在者とのみ関わっている限り、存在するものは見えていても、そもそも存在するものが「在る」ということは自明のこととされ、存在者が「在る」ということの事実が問われることはない。存在が忘却されていることすら忘れ去られてしまっている。ところが、不安（Angst）という気分に巻き込まれると、あらゆる事物と自分自身は、どうでもよいという（Gleichgültigkeit）の様相に沈み込む。存在者全体の存在が揺らぎ、今までの「在る」ということの自明性は完全に崩壊する。そうなると、存在者が「在る」ということは決して自明ではなく、無くても不思議ではなく、無い方が自然かもしれないとまで自覚するようになる。なるほど個々の存在者は眼前に存在してはいるものの、ありとあらゆるもの一切の存在の根拠は失われる。別言すれば、存在者全体は限りなく非在にちかいものとして、世界から辷り去るのである。この一連の事態が不安を通じての無の開示と呼ばれえる。ところが、その無とは、あらゆる思惟も表象も破砕せざるを得ぬ拒絶者である。かかる無の特性がまさに存在者全体を開示するのである。これが無の無化であり、存在者全体が不安を通じて、存在の抜け去った無意味な存在者として現前するのではなく、存在者全体の「在る」ということが、無のなす拒絶によって閃き現れるということである（一五七頁参照）。要するに、ハイデガーは「存在と無は共属する（Sein und Nichts gehören zusammen）」と説いている。

このように、存在者全体の自明性の喪失を経た後に、無の無化として存在者全体が開示された状態は、無が開示される前の、個々の存在者に没入しつつこれと関わる日常の状態とでは、その存在理解において雲泥の差がある。「在る」ということが自明なものとして忘却されているあり方から、この自明性が崩れ去った後で、無による拒絶の働きにより、存在者の存在は復活し、「在る」ということの重みを初めて自覚することになるのである。

それはちょうど物理学で言うなら、例えば、素粒子と反素粒子とか、重力と反重力ということになる。また、数学で言うなら、力学系に線形力学と非線形力学、複素数と共役複素数などである。複素数の性質は興味深い。例えば、複素数a＋ibに対して、a－ibの共役複素数がある。（a＋ib）（a－ib）＝a二乗＋bの二乗となり、a二乗＋b二乗＞0（a、bは実数　a≠0　b≠0）となることはとても示唆的ではないだろうか。こうした関係性は学問上のことだけでない。私たちの日常生活においても、善悪とか、真と偽というように、他方があってこそ一方が際立って見えるもの、乃至はそれで一組と呼べるようなものは枚挙にいとまがない。

ただ、ハイデガーは、存在と無を、「ある」「ない」という対立概念で捉えるのではなく、西田幾多郎の唱える「絶対矛盾的自己同一」という考え方から説明しようとしたのである。つまり、相反する二つの対立物がその対立をそのまま残した状態で同一化することである。ヘーゲル流の、二つの対立物がその対立を変容させることで新しいテーゼを生むという弁証法とは違う。

仏教的な「空」の把握とハイデガーの「無」の概念

ハイデガーの著作の中には仏教の伝統への明示的な関わりはほとんどないにもかかわらず、彼の思索には仏教のような東アジアの思潮が見て取れる。とりわけ、仏教的な「空」との類似性が際立つ。

ハイデガーにしても、仏教にとっても、「無」とは単に現前的な存在を否定する「無」ではなく、存在と対立するものでもない。「無」とは存在者を露呈するインテグラルな成素なのである。

また、ハイデガーは、非-意志的に存在させること（Sein-Lassen）こそ、存在への思索のより適切な関係を可能にすると強調している。この考え方は、仏教の、諸物をあるがままに存在させるためには主体が意志に満ちた諸々の執着に別れを告げなければならないとする考え方と相通ずるものがある。我（Ich）は存在に空間を与えるためにまず自身の放縦な衝動を捨てなければならず、空にならなければならない、というわけである。

この空の状態こそ、ハイデガーの言う「無の無化」であり、存在と無の共属性である。これを見事なまでに図式したのが牧牛図であろう。以下、河合隼雄著『ユング心理学と仏教』（岩波書店）の中で取り上げている牧牛図の説明を基に、その空の状態をみることにしよう。どうやらこの図はもともと禅の修行の階梯をえがいたものらしい。

十牛図

図1　尋牛

図2　見跡

図3　見牛

図4　得牛

図5　牧牛

図6　騎牛帰家

図7　忘牛存人

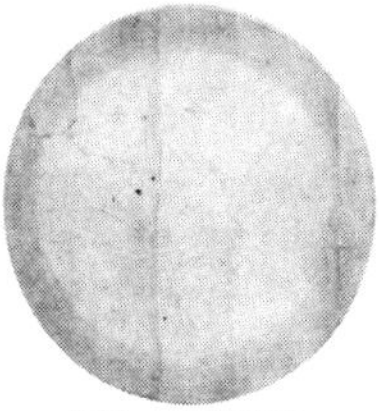
図8　人忘倶忘

図9　返本還源

図10　入鄽垂手

図1（尋牛）では、野原のなかで何かを探し求めている一人の若者が描かれている。これに続いて図2（見跡）、図3（見牛）、図4（得牛）、図5（牧牛）と一連の図を見てわかるように、若者ははじめ一

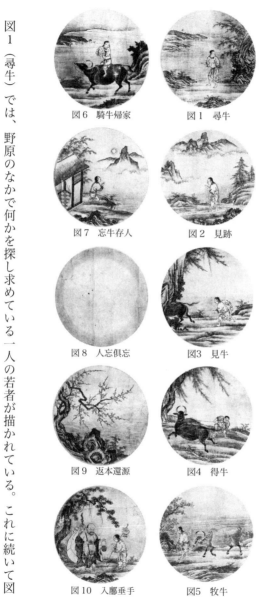

人だったが牛を見つけ、それを手なずけていく過程を示している。禅家によれば、その過程で出てくる「牛」とは「自己」とか「真の自己」を顕しているという。しかし、真の自己が牛であるわけがないのだから、自己と若者の関係がちょうどこのようなイメージだと捉えるべきだろう。

図1のときでも、この若者の自己は存在している。しかし、その姿ははっきりせず、若者にはそれが何であるかわからないが、探し求めるべきものであると感じられている。そしてそれが「牛」として顕現し、その若者はそれを「捉え」、「牧」しようとする。ところが、その若者はその必要がないことを認め、図6の「騎牛帰家」のような関係に変化していく。彼は牛の背にのって、その行く方向を牛にまかせている。

しかし、図6で笛を吹いていた彼は自分の進む方向が間違いだと思い、自分で導かなければならないと考えるかもしれない。そうすると牛が急に暴れ出して、図4、そして図1へと逆戻りするかもしれない。それでも順調にいけば、図6の次に図7（忘牛存人）が続く。ここで牛は消え失せている。ここで人と牛は全く一つになったと考えられる。通常の人が真なる人になったというわけである。

これまでの過程をこう捉えられないだろうか。「自己は牛というひとつの対象として顕れ、それとの関係を問題とするのではなく、人を取り巻く外界すべてとして顕れている」。図1でも図2でも人は自然の中にいる。しかし、図1では「若者は何かの喪失感をもってそこに立っていた。しかし、図7では、彼を取り巻くすべては彼の自己と観じることができる」。

図7から図8へはさらにもっと大きな飛躍がみられる。牛だけでなく人までもが消え失せている。これこそ絶対無の体験である。この絶対無の体験を経て、さらに図9、図10の世界へと入っていく。

図9には川の流れと花咲く木が描かれている。河合隼雄はこれを「人間が『鉱物の意識』や『植物の意識』を体験する」と考えている。図10では老人と若者が描かれているが、「真の自己がその『向かい合った二人』になっている」と解釈することができる。弁証法のように二つが合体してより優れた一つになるというのではなく、二人で一体ではあるものの、そこには「間」があると考えられる。そこには「あなたは誰なのか」とか「何をしようとしているのか」などという問いが生まれ、また図1へとつながる可能性が秘められている。図10で完成しているようにありながら、最初に返っていくことが暗示されている。

パルメニデスとヘラクレイトス

仏教や禅宗などを研究した形跡が見られないにもかかわらず、ハイデガーはどうして「空」に似た「無」の概念を考え出すことができたのであろうか。ハイデガーの前掲『形而上学入門』に、ソクラテス以前の哲学者にそのヒントを得たことが窺える。牧牛図ほどの明確さはないにしても、パルメニデス（前四七五年頃）とヘラクレイトス（前五〇〇年頃）にハイデガーが参考にした「無」の考え方が見て取れる。

パルメニデス

パルメニデスはその序詞（断片1）（『ソクラテス以前の哲学者』廣川洋一、講談社学術文庫）のなかで、自分はすでに選ばれたもの、「覚者」として登場する。彼を乗せ疾走する馬車は、太陽の乙女たちに導かれ、無知な人間どもの暗い世界から、明るい真理の世界を目指し、やがては女神から歓迎と真理の啓示をうける。女神はこう歌っている。

いまこそ私は汝に語ろう。汝はこの言葉を聞いて心に留めよ。
まことに探究の道として考えうるのは、ただこれのみ。
そのひとつ、すなわち、「ある」そして「あらぬことは不可能」の道は、
説得《ペイト》の女神の道である——それは真理に従うものであるから——。
他のひとつ、すなわち、「あらぬ」そして「あらぬことが必然」の道は、
この道は、まったく知りえぬ道であることを汝に告げておく。
そのわけは、あらぬものを汝は知ることもできず——それはなしえぬこと——、
また言うこともできぬからである。（断片2）（同書）

ここで示された二つの道、すなわち存在への道と無への道を明確に区別し、断片6で第三の道が示されている。

あるものを語り、あるものを思惟することは必然でなければならぬ。というのもあるものは
あるのであり、

あらぬものはあらぬからである。このことをよく思いみるよう、私は汝に命ずる。
すなわち、探究の最初の（誤れる）道から、私は汝を遠ざけ禁ずる。
しかしつぎには、死すべき人間どもがなにひとつ弁《わきま》え知らぬまま、
双つの頭をもちながら彷徨《さまよ》い歩く道を禁ずる。というのも、
死すべき者どもの胸中で彷徨う心を導くのは術《すべ》無さなのだから。
彼らは聾《みみしい》にして盲《めしい》のままに、また呆《うつ》けのままに分別なき大衆として引きまわされる。
彼らには、あるとあらぬが同じであり、かつ同じでないとみなされる。
彼らすべての者どものとる道は、逆に向きあっている。（同書）

ハイデガーは、ここで示されている道のことを第三の道、仮象の道であると捉え、次のように解説する。「この道では存在者は、時と場合で違ったふうに見える。ここではいつもただ見解だけが支配している。人間は一つの見解から他の見解へとすべって往ったり来たりする。こうして人間は存在と仮象をごちゃごちゃに混ぜ合わす」（前掲『形而上学入門』）と。そして「仮象の中で、また仮象に逆らって、存在が自己を露顕するためには、ますますもってこの第三の道をそのようなものとして知ることが必要である」（同書）と付け加えている。

この仮象の道から、ハイデガーは、目先の雑事に追われ、先の自分のことより、今日や明日の予定の方が気になり、好奇心だけで行動し、他人とおしゃべりしたり、不毛な議論を繰り返したり、毎日をその場しのぎで過ごし、本来的な自己を忘れ非本来的なあり方、「死」という確実性を隠蔽し、その不安

を紛らすような生き方、すなわち頽落を導き出している。

ヘラクレイトス

ヘラクレイトスもパルメニデスと同じ考え方であったことがわかる。

反対するものが協調する。そして異なる（音）から最も美しい音調が生じ、万物は争いによって生まれる。（断片8）（前掲『ソクラテス以前の哲学者』）

一緒に結びついているもの、それは、全体と全体ならぬもの。寄せ集められたものと分け離されたもの。調子の合ったものと会わないもの。万物から一が、一から万物が生ずる。（断片10）（同書）

ひとたび生まれ出ると、彼ら（大多数の者ども）は、（楽しく）生きることを願うが、それはまた死の定めに出会うのを願うことでもある。そして彼らは子供を後にのこすが、それがまた死の定めとなるのだ。（断片20）（同書）

私にではなく（かの）理《ロゴス》そのものに耳を傾けるなら、万物が一なることを認めるのが（理にかなった）賢いありかたというものである。（断片50）（同書）

人びとは理解しないのだ、いかにして、拡散するものが（拡散するにもかかわらず）自己のうちに凝集しているかを。互いに逆方向に引きあうことでの調和《ハルモニエ》（結合）というものがある、弓や竪琴の例にみるように。（断片51）（同書）

これらの断片はハイデガーの、存在と無の関係、無の無化という考えの基盤となっているだろう。断片10の、万物から一が、一から万物が生じるというところは仏教の色即是空の考えでもある。断片20

は死の確実性と日常の頽落を思い起こさせるものである。断片51についてハイデガーは、「人間どもはなるほど聞きはする、つまり語句を聞く、だがこの聞くことにおいて人間どもはlogosであるものを「聞く」ことができない、つまりそれに従うことができないということである」と述べ、「単なる聞くことは、人々が普通思い込んでいる事柄、聞き語り、つまり仮象（doxa）の中に散らばっている」と言う。ここはまさに先ほどパルメニデスの第三の道から、ハイデガーが汲み取った仮象についての描写と一致する。

第十一章　時間性と歴史性について

第二篇第五章で、ハイデガーは、現存在の個別的な生き方との関連で時間性を論じ、他者たちとの共同存在として側面、つまり現存在の共同体との関連で歴史性を議論している。いずれにしても、現存在が歴史の重要な「原子」となっていることは間違いない。

現存在の時間性は現存在の有限性に根拠がある。始まりとしての誕生と終わりとしての死のあいだにある現存在の有限的な伸び拡がりが、時間性の根拠となっている。つまり、私たちは誕生と死の間に自らを伸び拡げるというやり方で存在しており、誕生と死を意識することで、生の全体を時間的なものとして存在させているのである。現存在から成る共同体の方は、無論、現存在が次々と継起することで存立している。ハイデガーは、その現存在の継起のことを歴史性と呼び、こう述べている。「歴史とは、実存している現存在にとって時間のなかで生じる特種な生起（das in der Zeit sich begebende spezifische Geschehen）である。そのさい、『互いに共に在ること』（miteinander sein）のうちで、『過ぎ去って』いながら『伝承されて』おり、『作用』しつづけている『生起』がとりわけて歴史とみなされる」（前掲『存在と時間』注解）と。要するに、ハイデガーは、現存在の時間性・歴史性と、現存在の社会的なあり方としての共同体の歴史性を同時存在論的に論じている。

本来的歴史性と非本来的歴史性

本来的歴史性

ハイデガーは歴史性を議論する際に、命運（宿命と訳されることもある）と運命というのキーワードを使っている。通常、命運とはすでに何かが起こった状態であり、誰か特定の人物にある生まれながらの道筋であることを示す言葉である。運命とは、この世のすべてに対する不可抗力的なものだが、進行形か仮定形（もう起こっているかもしれないし、これから起こるかもしれない状態）のことをいう。それを踏まえて、ハイデガーは、運命は根本的に命運に基づいていると言い、命運を中心に議論を展開している。したがって、運命について述べるとき、必ずや命運との兼ね合いで議論している。

ハイデガーは、「現存在は、世界内存在として、幸運な事情に迎えられることにも偶然の過酷さに対しても、開かれている。様々な事情や出来事の衝突をつうじて、命運がはじめて生じるというわけではない。決意していない者であっても、様々な事情や出来事に追い回される。にもかかわらず決意していない者は命運を所有することは断じてできない」（前掲『存在と時間』）と述べ、命運とは、「生誕と死の間にある現存在の有限的な伸び拡がりという生起の中で、死への先駆と覚悟によって、現存在は死に向かって自由となり、相続されたものでありながら選び取られた可能性に向かい、自らを自分自身に伝承する」（同書）ことだと説明している。言い換えると、現存在は、世界内存在として世界の中に投げ出されているわけだが、その世界とは、過去からの遺産の上に成り立っている。現存在はその遺産に基づいて、その遺産の中から自分の可能性を選び取り、それを反復しながら、自らを将来に向けて企投するということである。

　運命に関しては命運との関係において、ハイデガーは、第七四節第六段落で、「命運をともなう現存在は、世界内存在として本質からして他者たちとの共同存在において実存するかぎり、現存在の生起は共生起であって、運命として規定される。運命によって私たちがしるしづけるのは、共同体の、つまり民族の生起なのである。…中略…同一の世界のうちで互いに共に存在することにあって、また特定の可能性に向かって決意していることにおいて、命運のさまざまはあらかじめすでにみちびかれている。伝達と闘争のうちで、運命の力ははじめて自由となる。みずからの『世代』のうちでの、またそれと共に在る現存在には命運的な運命がある。その運命が、現存在のかんぜんな本来的生起をかたちづくるのである」（同書）と述べ、その節の第一一段落でまた同じことを繰り返している。要するに、命運は、共同体の過去からの遺産として現存在に与えられているものだとすれば、運命の方は、共同体の中で生起しながら築き上げていくものである。そして、確かに運命が本来的な歴史性となるが、その本来の歴史性となる運命を辿るには、現存在は命運によって制約されることになるが、現存在は本来運命に合わせようとすべきである、ということである。

　運命は命運に基づいており、その命運は現存在を制約すると言ったあとで、ハイデガーは命運についてさらにどんどんますます深く掘り下げていく。こうも言っている。「被投性へと決意して立ち返ることのうちには、受け継がれた様々な可能性を、必ずしも受け継がれた可能性としてではないにせよ、自ら伝承することがひそんでいる。すべての『善きもの』が遺産（Erbschaft）で、その『善きもの』の性格に本来的な実存の可能があるならば、それだけいっそう遺産を伝承する者の伝承しようとする決意が固まる（Wenn alles „Gutes" Erbschaft ist und der Charakter der „Gute" in der Entschlossenheit je das Überliefern eines Erbes)」（『存在と時間』筆者訳）と。つまり、命運とは、被投性を受け入れ、死へと先駆することにより、受け継がれた様々な可能性を、善いものであればそれだけいっそう、必ずしもそのままではないにしても、自らのうちに最もよい形で伝承するということである。

さらにまた、こうも付け加える。「本質からして自分の存在において将来的であり、その結果自らの死に対して開かれて自由でありながら死に突き当たって砕け（an ihm zerschellend, ihm は Tod を受けている）、自らの事実的な（現）へと投げ返されることのできる存在者のみが、しかも、将来的なものとして等根源的に既在しつつ存在している存在者だけが、相続された可能性を自分自身に伝承しつつ固有の被投性を引き受けて、自らの時代に対して瞬視的に存在することができる。本来的で同時に有限的な時間性だけが、命運といったもの、すなわち、本来的な歴史性を可能にするのである（Nur eigentliche Zeitlichkeit, die zugleich endlich ist, macht so etwas wie Schicksal, das heißt eigentliche Geschichtlichkeit möglich.)」（同書、筆者訳）と。つまり、将来的であり、死に対して自由でありながら、死に対して心を砕き、自分に立ち返り、自分の（現）を了解している存在者だけが、しかも、将来的で既在的である存在者だけが、固有の被投性を受け入れ、自らの時代に対して瞬視的に存在することが可能となり、本来的な命運を享受することができるということであり、各現存在がそうであればおのずと本来的な運命を辿ることもできるということである。

ここで「相続された可能性を自分自身に伝承しつつ（sich selbst die ererbte Möglichkeit überliefernd）」ということはどういうことなのかをもう少し詳しくみておきたい。これは、先駆的決意性にあって、既在した可能性を反復しながら自らに伝承することである。もっと言えば、死への覚悟により、自分を将来へと投企しながら、かつまた、過去を（現にそこに既在していた実存の可能性）として、その可能性に応答し、その可能性の中から反復可能なものを選択し自らに伝承することである。

言い方を変えれば、このような命運を担う現存在は、「誕生と死と、両者のあいだとを自らの実存のうちへと引き入れて保持している。しかもその際現存在は、そのような不断のありかたにあって、自分のそのときそのときの状況の世界・歴史的なものに向かって瞬視的に存在している」（同書、筆者訳）ということである。

非本来的歴史性

非本来的歴史性とは、上に述べた本来的歴史性に反する歴史性であると言ってしまえば済むかもしれない。しかし、ハイデガーは例のごとく、詳しく説明しようとする。まずは、「事実的現存在は頽落して、配慮的に気遣われたもののうちに没入しているがゆえに、そうした現存在はみずからの歴史をさしあたり世界-歴史的に理解する。さらに通俗的な存在了解は、『存在』を目の前にあるあり方で無差別的に理解しているがゆえに、世界‐歴史的なものの存在は、やって来て、現存し、消滅していく目の前にあるものという意味で経験され解釈される」（前掲『存在と時間』）と前置きし、次のように述べる。「日常的な現存在は、毎日の雑多な事柄によって分散されている。配慮的な気遣いで、駆け引きにより、様々な機会や事情を予測し、自分の『命運』を生み出すことになる」（同書）と。これが、現存在が非本来的に実存し、自分の歴史をはじき出している様であり、非本来的歴史性である。

さらにまた、非本来的な歴史性についてはこうも述べている。「命運の根源的に伸張したあり方が隠されており、『ひと』である自己として、現存在は切れ切れに自分の『今日』を現存在化している。もっとも身近なところで新たなものを予期しながら、現存在は古いものを一番早く忘却する。『ひと』は選択を回避し、可能性に対して目を閉ざしていることで、既在を反復することがかなわない」（同書）と。そして、そういう『ひと』は目の前にあるものや報告をただ単に保有し、それを維持し、今日を現在化していくうちに自分を失い、過去を現在からしか理解しない、ということを述べている。その直後に、本来的歴史性に属する時間性について思い出させるように、本来的歴史性とは「先駆しながら反復する瞬視として、今日の現在化を脱することであり、『ひと』の通例から脱却することである」と対比的に言及している。

第十二章　現存在の歴史性にもとづく歴史学

ハイデガーによれば、「歴史学は、現存在の歴史に関する学だから、根源的に歴史的な存在者である現存在を前提とせざるをえない」ということになる。しかも、歴史学は、「あらゆる学とおなじように現存在の存在のしかたのひとつとして、事実的かつそのときどきに『支配的な世界観』に『依存して』（前掲『存在と時間』）いる。だとすれば、歴史学的な対象となるのは、現にそこに既在していた現存在という存在のあり方となる。そして、「なお目のまえにあるさまざまな遺物や記念碑や報告は、現にそこに既在していた現存在を具体的に開示するための可能な『資料』である」（同書）わけである。そこで、歴史学者は、歴史学の対象を、現にそこに既在していた現存在へとかかわって理解する。つまり、歴史学者は、現にそこに既在していた現存在や資料を、その現存在が既在していた実際的なあり方から、理解するということである。ハイデガーによれば、現存在の（そのときの）実際的なあり方は、現存在が既在していた（そのときの）本来的な可能性と矛盾しないものとして、現存在が「選択した何らかの存在可能へと決意して自ら投企することにあって」成立している。要するに、実際に本来的に現にそこに既在していたものは、命運、運命、世界―歴史として事実的に存在していたということである。したがって、歴史学は、世界内に既在して存在していることを理解して、そのときどきの支配的な世界観に左右されることなく、普遍性や法則を求めるのでもなく、事実的に叙述する、ということになるだろう。

　また、ハイデガーは次のようにも付け加えている。「歴史学は、決してその出発点を現在だけに置いて、「そこから過ぎ去ったものへと手さぐりして還帰するものではない。むしろ歴史学的な開示もまた将来から時間化するのだ。歴史学にとってありうべき対象となるはずのものの「取捨」は、現存在の歴史性による事実的な実存的選択のなかですでにおこなわれている。この現存在においてはじめて歴史学は発現し、ひとえにこの現存在において歴史学は存在するのである」（同書）と。私たちが歴史を振り返るとき、つまりその当時の現存在や遺物・記念碑の実際的なあり方を振り返るとき、現在という立ち位置からだけでなく、将来へと自らを投企することから振り返っている。この点で、歴史学的な開示もまた将来からということになる。

ニーチェの歴史観

　ハイデガーは、第二篇第五章「時間性と歴史性」のところで、歴史学は「生にとって」「有益」でありうるのか「有害」であるのかと問うて、ニーチェの考え方を参考にしている。したがって、ニーチェ著『反時代的考察』（『ニーチェ全集4』小倉志祥訳、理想社）の第二篇「生にとって歴史学の利害について」から、そもそもニーチェが歴史をどのように考えているのかを探り、次にハイデガーが同調して引用している「歴史学についての三つの種類」を明確にしたい。

ニーチェは先ずこう切り出す。「動物は直ちに忘れ、あらゆる瞬間が現実に死に、霧と夜の中に沈み込み、永遠に消え失せるのを見る。動物はかくして非歴史的に生きる。…中略…あらゆる時点であるがままのものとして完全に現象し、したがって全く正直でしかありえないのである。これに対して人間は過ぎ去ったものの大きな常に増大する重荷に抵抗する」と。つまり、人間は、動物のような忘却はできず、「絶えず過ぎ去ったものに固執している自分自身についていつも訝しく思い、過去と未来の隔ての間で、自分の生存が根底において何であるかを——決して完了することのない半過去形であることを回想する」存在だというのである。とは言うものの、ニーチェは、は、「すべての行為には忘却が必要であり、これはすべての有機体の生命に光のみならず、また闇も必要であるのと同様である」と主張する。人間は動物のように、「ほとんど追憶なしに生きること、いな、動物の示すように追憶なしに幸福に生きる」ことはできるかもしれないが、忘却なしに生きることなど全く不可能であると言うのである。

わかりやすく言えば、人間は、忘却するからこそ前進できるのであり、忘却があってこそ将来へ向かって力強く生きていくことができるのである。忘却がなくては、過去にとらわれ、過去に取りつかれ、「疲れ果ててかあるいは性急に衰弱して尚早な没落に向かう」ことになる、ということである。

したがって、「適当な時に追憶するのと同様に適当な時に忘却するすべを心得ていること、いつ歴史的に感覚し、いつ非歴史的に感覚するのが必要かを力強い本能をもって感知すること」が重要である。つまり、「非歴史的なものと歴史的なものは故人や民族や文化の健康にとって同じように必要である」ということになる。

ニーチェはこれを言い換えて、「動物は全く非歴史的であり、ほとんど点のごとき視界のうちに住み、しかも或る種の幸福をもって、少なくとも倦厭と伴りなしに生きている。したがって、何か正しいもの、健康なもの、偉大なもの、何か真に人間的なものが成長する土台となるのは、或る程度非歴史的に感覚しうる能力のうちにあるが、そうである限り、われわれはこの能力をほかのものより重要な根源的な能力とみなさなくてはならぬであろう。非歴史的なものはものを被う雰囲気に似ており、この雰囲気うちでのみ生はみずからを生み、したがってそれが否定されると同時に生も再び消え失せる。人間が考え、比較し、分離し、結合して、その非歴史的要素を制限することによって初めて、つまり、過ぎ去ったものを生のために使用し、また出来事をもとにして歴史を作成する力によって初めて、人間は人間となる。しかし、歴史が過剰になると人間は再び人間であることをやめるのであり、人間は非歴史的なもののあの被いがなければ、開始することを決してしなかったであろう」と言い、「非歴史的、反歴史的状態は不正行為のみならずあらゆる正当行為の誕生の母胎である」（同書）と主張する。つまり、ニーチェが言うように、人間は、「動物と超人との間に張り渡された一本の綱」であり、動物でもなければ、超人にもなれないのだから、生のためには、その両者の間でバランスをとっていかなければならないということである。

歴史的人間と超歴史的人間の狭間にあって

ニーチェは、歴史的人間についてこう述べる。「過去への眼差しは、彼らを未来へと押しやり、なお久しきにわたって生と力較べをする彼らの勇気をかきたてて、正しいものはやはり来るという希望、歩み行く山のかなたに幸の住むという（カール・ブッセを思わせるが）希望に点火する。これら歴史的人間は、生存の意味はその過程の進むにつれてますます明るみに出て来るであろうと信じ、これまでの過程の考察によって現在を理解し未来を一層熱烈に欲望するようになるためにのみ背後を見るのであり、歴史的知識を有するにもかかわらず自分たちが如何に非歴史的に思惟し行為しているかを全然知らず、また彼らが歴史に携わるのも純粋認識に奉仕するためではなく生に奉仕するためであることを全然知らない」（前掲『反時代的考察』）と。

それに対して、超歴史的人間については、「過程のうちに救いを見ず、彼にとってはむしろ世界はあらゆる個々の瞬間に完了しており、終末に達しているのである。過去の十年が教えることの可能でなかったものを、次の新しい十年がどうして教えうるであろうか」（同書）と述べている。これは、ハイデガーの瞬視に近いものだと言える。また、ニーチェが他のところで「過去のものと現在のものはまさに同一である。すなわちそれは多種多様な形をとるけれども類型的には相等しく、過ぎ去らぬ類型の偏在として不変の価値と永遠に等しい意義とをもった静止せる形象である」（同書）と述べたことに等しい。まさに、松尾芭蕉の言う「不易流行」であり、ニーチェの言う「永劫回帰」の中の、生のあり方ではないだろうか。

歴史学についての三つの種類

ハイデガーは「歴史学はそもそも『生にとって』『有益』でありうるのか『有害』でありうるのか」

と問いかけ、概ねニーチェの考えを引用している。

ニーチェは、歴史の記念碑的あり方、骨董的あり方、批判的あり方という三通りの点で生ける者に属していると言う。そして、歴史の記念碑的あり方としての歴史は活動し努力する者に属し、骨董的あり方としての歴史は保存し崇敬する者に属し、批判的あり方としての歴史は苦悩し解放を要する者に属すると述べ、それぞれの功罪に言及している。

記念碑的あり方としての歴史

ニーチェは、この歴史は活動的で意志の強い者に属すると言って、ずっと以前に過ぎ去った瞬間の最高のものが、なお生き生きとしており明らかであり偉大であるということが記念碑的歴史の基本的考え方であり、この歴史に眼を向け、それの考察することで元気づけられ、祝福されるものである、と続ける。つまり、現代人は、この歴史から、「かつて現存した偉大なものがとにかく一度は可能であったのであるから、またおそらくもう一度可能であろうと推察し、一層の勇気をもって自分の道を行く」契機が得られ、弱気になっていた自分を鼓舞することができるということである。そして、生のために学ぶ、強い意志をもった者だけが、記念碑的歴史を完全な複写的な真実さにおいて、換言すれば、あらゆる事実をその精確に記述された独自性と一回性において所望して差し支えないであろう」（前掲『反時代的考察』）と述べている。簡単に言えば、意志の強い者は、自分の拠り所として、歴史を歪めることなく正確に分析し、その中に普遍性を求めるのではなく、独自性と一回性を認めることができるといこと、つまり、全く同じにはなりえないが、それに近づけるよう自分を向上させることができるということである。

一方で、記念碑的歴史にはマイナス面がある。その歴史は、模倣に値するものとして提示されるために動機や原因を度外視することもあるので、当然のことながら、すべての時代に効果を及ぼしうる出来事の集成とは言えない。そのため危険性が生じる。「過去が模倣に値するものとして、模倣することができて再び可能なものとして記述されるようになると、過去はいくらかずらされ、より美しいものに解釈しなおされてしまう」（同書）危険性である。つまり、「記念碑的歴史は種々の類推によって欺瞞することになり、「魅惑的な類似でもって勇者を無鉄砲へ、感激家を狂信へと扇動する」恐れがあるということである。

骨董的あり方としての歴史

ニーチェは、この歴史は保存し崇敬する者に属すると言って、次のように言う。「自分がひととなったところを忠実と愛をもって回顧する者に属する。彼はこの敬虔によって己の生存にいわば感謝を捧げる。彼は古くから存続するものを用心深い手つきで保護することによって、自分の生長した条件を自分の後に生まれてくる者たちのために保存しようとする」（前掲『反時代的考察』）と。ニーチェは、そういう人のことを「好古的人間」と言い換え、具体的にどういう人なのかを日常生活のあり方からわかりやすく説明している。「町の歴史は、彼にとって自分自身の歴史となり、城壁を、塔のある門を、市会を、町祭りを自分の少年時代の絵日記のごとく理解し、これらすべてのもののうちに自分自身を、自分の力を、自分の勤勉を、自分の快感を、自分の判断を、自分の愚かしさといたずらを再発見する。ここでなら暮らせた、現に暮らせるのだから、ここでなら暮らせるだろう、……彼はこう心にささやく。そのように彼は、はかない気紛れな個人生活の彼方に眼を向け、自分自身を家の、一族の、町の精神と感ずる。時とすると彼は見通しのきかぬ錯雑とした遥かなる数百年をさえ越え出て彼の民族の魂に彼自身の魂として挨拶する」（同書）と。

ここはまさに、ハイデガーの言う、過去を重んずるあまり、将来の生を軽視し、自分は命運と運命を体現し本来の歴史的感覚を有していると思い込んでいる現存在の様態を表現している。

ニーチェが樹木の例えを用いて述べているところも示唆に富んでいる。まとめると次のようになる。「骨董的歴史を重視する人は、まるで樹木がその根に満足し、生を保存することばかりに気（木）を取られ、花が咲いても実がなっても見向きもしないかのようである。それに茂り過ぎて過去を考察する他の仕方を枯らしてしまい、生成するものを過小評価し、記念碑的歴史と違って、新しいものに対する力強い決断ができなくなってしまう」と。

つまり、骨董的歴史は、度を超すと、過去の生に奉仕するあまり、将来の生を覆すことになり、そうなると、「樹木が不自然な仕方で上から下へ次第に根に向かって枯れてゆき、遂には根そのものも死滅してしまう」ということである。言い方を変えれば、「現代の新鮮な生が、骨董的な歴史に魂を吹き込み、霊感を与えてやらないと、その瞬間から歴史は退化してしまう」（同書）ということだろう。ここは、ハイデガーの「歴史学的な開示もまた将来から時間化する（auch die historische Erschließung zeitigt sich aus der Zukunft)」というところに呼応する。

批判的あり方としての歴史

記念碑的歴史と骨董的歴史と並んで、批判的歴史のあり方がある。「人間は生きるためには過去を破壊し解体する力をもち、この力を時々適用しなくてはならぬ。これは、過去を法廷に引き出して手厳しく審問し最後に有罪を宣告する」(前掲『反時代的考察』)することによって可能となる。

ニーチェによれば、生きることと不正義であることはほとんど同じことであり、生きていくためどれだけ不正を重ねていることか、人間はこれを大抵忘却している。つまり、人間は、生きていくには無慈悲で常に不正とならざるをえないが、人間はこれを否定し、なかったことにしてしまう。歴史を振り返れば、人間の過去は有罪と宣告されるに値するものは多く、人間的暴力と欠点にみちている。もっとも、ここで裁判官の席についているのは、正義ではなく、恩寵でもない。ただ生のみであり、ひとを駆り立て、飽くことなくそれ自身を欲求するあの力であるが。ニーチェのこの了見を理解するには、私たちが生きていくにはどれだけ他の生を犠牲にしているかということを思い返すだけで十分だろう。

ニーチェは、数限りなくある罪や不正の中から、どういうわけか、例として「特権、カースト、王朝などの存在」を取り上げ、これらが如何に不正であるか、如何に甚だしく没落に値するかを明らかにし、批判的に考察されるべきである、と断ずる。そして、そうはいってもと言って、ニーチェはこう続ける。「過去を裁き否定するというこのやり方で生に奉仕する人間ないし時代は、常に危険に晒された人間と時代である。というのも、われわれが確かに以前の種族の成果であるからには、われわれはまた彼らの過失や情熱や誤謬の、いな犯罪の成果だからであり、この連鎖から完全に自己を解放することは不可能だからである。われわれがそれらの過去に有罪を宣告して、自分はそれから解放されたと見なしても、われわれがそれから由来したという事実は除去されることはない」（同書）からである、と。つまり、われわれは自らの由来した過去を否定して、そこから自らが由来したと思いたくなるような過去にしようと思ってもそれはどだい無理な話だということである。

要するに、批判的歴史は確かに生のためにはなくてはならないものであるが、受け継いだものを否定することはできない、われわれは精々、受け継いだものとわれわれの認識との抗争をし続けるか、折り合いをつけるか、受け継いだものを基に新たな生の認識で善なるものを達成しようとし、それができなくても、またそれより善きものを見いだして達成しようと試みることしかできないということである。

本来的な歴史学

ハイデガーは、ニーチェの区別する歴史学の三つのあり方を次のように言い換えている。ニーチェは、歴史の「記念碑的（monumentalisch）」あり方は、活動し努力する者としての彼に属すると言っているが、ハイデガーはそれを、「なんらかの選択された可能性を決意しながら開示することのうちで、将来的なものとして本来的に実存する」現存在のあり方とだ言い換え、「骨董的（antiquarisch）」あり方を、「現にそこに既在していた実存を崇敬しながら守護する」現存在のあり方という表現にし、「批判的

(kritisch)」あり方を、「今日の頽落的な公共性から受苦しつつ身を解きはなつ」あり方、つまり今日の現在化を脱するあり方だと言い直している。

ニーチェは、直接的にこの三つの歴史のあり方が統一していなければならないとは明言していないが、ハイデガーは、本来的な歴史性の根底にはこの三つの様式の統一があると述べている。彼は、「死への先駆によって本来的な可能性を自覚すれば」という条件を付け加え、次のように敷衍する。「現存在は、自分の属する時代・共同体・民族から『よき遺産』を伝承し、自分が他者と共にある存在である限り、他者との真の共存在を生きる可能性を求めながら、社会や歴史へと関わる具体的な行為をめがけて生きようと決意する存在である」(『存在と時間』筆者訳)、と。

このハイデガーの考え方は、西田幾多郎の人間存在の極限に関する記述と重なるように思える。西田の説明をまとめると次のようになるかと思う。「究極の自由を求める人間は、生に行き詰まり、人間的存在が消える危機的極限状態に置かれることになる。この極限で、人間存在は一度『消点』に届いたかのように消える。この『消点』は、一方で『死』と表現されるが、肉体的な消滅ではなく、真に生きる存在となることを意味する。そこには消えながら生きるという矛盾の構造が見えてくる。しかも、その人間存在の極限は、『歴史的世界』の次元にも求められる。それは、人間存在が、人間の意識の側からだけではなく、人間がそこに生き、発展する『歴史的世界』の側からも把握されるはずのものであるからだ」(上原麻有子「西田幾太郎　人間的存在」〈筆者一部改〉『日本哲学小史』熊野純彦編著、中公新書)となる。

ともあれ、ハイデガーが言わんとしたことは、歴史的に実存している現存在の本来性とは、死の先駆によって、現在化を脱し、何らかの選択された可能性を決意するだけでなく、他者との真の共存在を生きる可能性を求め、社会や歴史へと関わりながら、将来的なものとして将来的に実存するところにある、ということである。

第十三章　時間性の様態としての現存在

『存在と時間』の第一部第二篇第三章第四章で「時間性に向けた現存在の解釈」がなされているが、現存在の時間性を本来的なあり方と非本来的なあり方を比較するような形で論じられている。

ハイデガーは、「先駆的な決意性とは、死の不安への深い了解から導かれた実存の自覚であり、企投しながら生きている時間的存在である。それ故、先駆的決意性によって現れた時間性こそが根源的時間性であり、気遣いの存在論的な意味である」（前掲『存在と時間』）と主張し、気遣いを時間性の現象として捉え、その時間性を、通常の「未来」、「過去」、「現在」ではなく、「将来（Zukunft）」、「既在（Gewesen）」、「現在（Gegenwart）」と分節し、その三つが統合されたものとして説明している。

この考えの基調となっているのは、どうやらアウグスティヌスの時間論らしい。アウグスティヌスの「告白」の第二〇章にはこうある。「未来も過去も存在せず、また三つの時間、つまり過去、現在、未来が存在するということもまた正しくない。おそらくはむしろ、三つの時間、つまり、過去についての現在、現在についての現在、未来についての現在が存在するというほうが正しいであろう。じっさい、これらのものは、こころのうちに三つのものとして存在し、こころ以外の、どこにも見いだされることがない。過去についての現在は記憶であり、現在についての現在とは直覚であって、未来についての現在とは予測なのである」と。

ところで、この文の最後の方にある「直覚」とは、西田幾多郎のいう純粋経験と同じであることに気づいただろうか。純粋経験とは本質に触れることであり、自己の意識状態を直下に経験することである。西田はこの経験のことを「知的直覚」と言ったり、「嬰児的直覚」「芸術的直覚」と言い換えている。直覚とは、難しい用語だが、要は、価値観や世界観を通さず、直に観ることである。あるがままに見ることである。逆に、直に観られないとはどういうことなのかを、思想家柳宗悦はこう説明している。「大方の人は何かを通して眺めてしまう。いつも眼と物との間に一物を入れる。ある者は思想を入れ、ある者は嗜好を交え、ある者は習慣で眺める」(柳宗悦『柳宗悦茶道論集』岩波文庫)ということである。

以上のことを踏まえながら、ハイデガーが将来、既在、現在をどうとらえているかをみてみよう。

将来・既在・現在

将来

ハイデガーによれば、時間性は将来・既在・現在の三次元から成るものだが、将来を基本にして時間性を考えるべきだとしている。というのも、気遣いは時間性の現象であり、その気遣いの本来性は先駆的決意性であるからだ。先駆とは、死へとかかわる存在が、その存在の仕方を先駆することであり、その存在者が有する存在可能性をさきがけて開示することである。先駆するとは、もっとも固有でもっとも極端な存在可能を理解すること、つまり、死へとかかわる存在であることを理解することであり、その可能性と向き合いながら自分の固有な存在可能（eigenste Seinkönnen）へと自分を企投することである。現存在としての人間は、本質的に将来に向けて自己を企投する存在であるから、必然的に将来が時間性をリードするということになる。将来をどのように展望するかによって、既在としての過去の意味も、現在のあるべき姿も変わってくる。これがハイデガーの言う本来的実存（eigentliche Existenz）の可能性にほかならない。

宇宙物理学者である佐治晴夫も著書『14歳のための時間論』（春秋社）の中で同じようなことを述べている。その要旨をまとめると、「よく過去・現在・未来ということがある。この時間の流れから考えると、〈これまで〉が〈これから〉を決めると思うかも知れない。でもいま皆が思い浮かべている過去は、脳の中にメモリとして残っているものでしかなく、実在しているものではない。とすると、これからどのように生きるかによって、過去の価値は新しく塗り替えられることになる。将来が過去を決める。〈これから〉が〈これまで〉を決めるのである」となる。

また、ハイデガーの影響があったかどうかはわからないが、哲学者であり思想家でもあったホセ・オルテガ・イ・ガセットは著書『大衆の反逆』（桑名一博訳、白水社）の中で、時間性の中での将来の優位性を的確に述べている。その訳本の中では、「裸体化、真正化」という表現を使っているが、「本来の姿」と言い換えて引用する。「本来の姿という規律に情熱を感じており、それが価値ある未来への道を切り開く上で不可欠だと自覚しているお蔭で、過去全体を前にしても、過去にとらわれない完全な発想の自由をとりもどしている。過去を支配すべき者は未来なのであり、われわれは未来から、過去に対してどのような態度をとるべきかの指令を受け取るのである」とある。引用文中の「過去にとらわれない」というのは「過去をそのまま引きずらない」という意味である。オルテガが言いたかったのは、過去を手本とし、過去に向かって進むことにより、前進するということである。ボートを漕ぐ時を思い浮かべるとよい。ボートを漕ぐ時は船首を背にして、船尾を前にして漕ぐことで前進する。つまり、後ろ向きに前へ、未来へ進むということである。このようなあり方を、フランスの詩人ポール・ヴァレリーの詩がうまく表現している。

湖に浮かべたボートをこぐように
人は後ろ向きに未来へ入っていく
目に映るのは過去の風景ばかり
明日の景色は誰も知らない

（『ヴァレリー詩集』鈴木信太郎訳、岩波文庫）

話を戻そう。ハイデガーは「その可能性のうちでじぶんをじぶんへと到来させることが、将来という根源的な現象なのである」とも述べている。つまり、人間にとって根源的な時間は有限であり、有限な時間を有意義に生きるには、自分の存在可能性を十分に発揮することである。そしてその存在可能性は、人間の全体的可能性を現すわけだから、死を存在の終わりとして、そこから遡ることでもたらされるということである。現存在の終わりとして死ぬことは将来の出来事ではあるが、その将来の出来事としての死から遡ることで自分の存在可能性の全体性が見えてくるというわけである。それ故、時間性においては将来が決定的な意味を持っているのである。ハイデガーはこんなことも言っている。将来とは、未来ではなく、「現存在がそのもっとも固有な存在可能にあってじぶんへと到来するさいの、『将に』来る」ものであり、「先駆は、現存在を本来的に将来的なもの」（前掲『存在と時間』注釈）であると。

これに対して、非本来的な時間性としての将来には予期するという性格がある。ハイデガーは、「ひとはじぶんが従事している当のものにもとづいて、〈ひとである自己〉として配慮的に気遣いながらみずからを理解する。…中略…配慮的に気遣われたものにもとづいてみずからの存在可能を予期している」（同書）と言う。言い換えれば、予期は未来についての漠然とした期待のようなものである。先駆、あるいは企投にあっては、現存在としての人間は自分の存在可能性に向かって自分自身を企投するのであるが、予期にあっては、現存在は、死を配慮的に気遣うことなく、将来へ向かって自己を企投することもなく、ただ受動的に未来について期待するだけである。未来は「未だ来ず」であり、まだ「現実的」になってはいないが、やがていつかは存在することになる「いま」という通常の時間理解であり、予期は棚から牡丹餅的な姿勢となる。

未来に希望をもつことの重要性

ハイデガーの言う、時間性としての将来ではないとしても、日頃私たちは未来のことを必ずや描いて生きている。今をどう生きるのか、これからどうしようかを考えているのは当然のことだが、もっと先の未来のことも考えている。いつもではないとしても考える。それが人間である。だからこそ人間である。

精神科医ヴィクトール・E・フランクルの『夜と霧』（霜山徳爾訳、みすず書房）の中にそれを読み取ることができる。『夜と霧』は、フランクルが、第二次世界大戦の際、ナチスの強制収容所に収容されたときに味わった過酷な体験を描いた本である。収容所内で起きたある出来事をまとめてみるとこうである。

一九九四年の十二月のことである。クリスマスから新年にかけて、それまでになかったほどの数の死者が出た。その理由は、飢餓でも、伝染病でも、過酷な労働によるものでもなかった。どういうわけか「クリスマスには休暇が出て、家に帰れる」という根拠のない期待が被収容者たちの間に広がったが、その期待がみごとに裏切られたということにあった。クリスマスに何も起こらなかったことで、多くの被収容者たちは落胆し、失望し、力尽き果て倒れていったのである。

フランクルは他にもう一つ例をあげている。もうすぐ戦争が終わり、自分たちは解放されるという夢を見た収容者が、一向にその気配がないことに気づかされると、発病し亡くなってしまったという例である。

この二つの出来事からわかるのは、人間はどこまでも「時間的存在」であるということであり、未来に希望をもつことがどれだけ精神的な支えとなっているかということである。どんなに過酷な状況下にあっても、自分の未来に希望を抱くことができるかどうかということが生死をわけるものだと、フランクルは言いたかったのではないか。

また、フランクルは人生の意味について同書の中でこう書いている。「ここで必要なのは生命の意味についての問いの観点変更なのである。すなわち人生から何をわれわれはまだ期待できるかが問題なのではなくて、むしろ人生が何をわれわれから期待しているかが問題なのである。そのことをわれわれは学ばねばならず、また絶望している人間に教えなければならないのである。哲学的に誇張して言えば、ここではコペルニクス的転換が問題なのであると云えよう。すなわちわれわれが人生の意味を問うのではなくて、われわれ自身が問われた者として体験されるのである」(同書)と。

「人間は人生から問われている者」というのが人間の原点である。したがって、人間は様々な状況に直面しながら、そのつどその状況の発する「問い」に精一杯応えていかなければならない。そしてその状況の真なる意味を見つけ、それに懸命に応えていくことで自分の人生の使命なるものを全うしなければならないのである。それこそ人間の本来あるべきあり方であり、そのあり方からはずれると、人間は絶えざる欲求不満の状態に追い込まれていくことになる、とフランクルは考えたのである。絶えず死に直面していたからこそ、生まれた考え方であった。

このフランクルの考え方は、本来的なあり方と非本来的なあり方の違いや、時間性の中で、未来(ハイデガーは将来と言い換えるが)の優位性を説くハイデガーの考え方と一致する。もっとも、違いはある。

ハイデガーは死への先駆から生じる決意性により充実した生き方をしていくことの重要性を説いたのに対して、フランクルの場合、人間がなすべきことは、「自分を越えた向こう」から、自分の足下に常に送り届けられているのだから、それを発見し、実現するように日々を全力で生きていくことが大切だと語っている点である。

しかし、フランクルとハイデガーの考えを統合してみるとこういうことだろう。人間は、そもそも自分の意志でこの世にうまれてきたわけではない。自分を超越したところに理由があるかもしれない。そうだとすれば、自分の人生の意味も自分を超越したところにあるかもしれない。だから、私たちはそこから聞こえてくる声に誠心誠意応えていかなければならない、ということになるだろう。

既在

このような将来的な現存在は、「その本質からして負い目のある存在として、無―性の被投的な根拠として存在して」おり、被投的であるということは「みずからがそのつど存在していたがままに本来的に現存在として存在していることにほかならない」（前掲『存在と時間』筆者一部改）。

ここで指摘しておきたいことがある。ハイデガーの『存在と時間』の訳本も参考書もその多くは eigensten Schuldigsein の訳を「最も固有な負い目のある存在」としているし、筆者もこれまで「負い目のある存在」という言葉を使ってきたが、ここで改めて言っておかなければならないことがある。本当は「罪ある存在」の方が適切であるということである。というのも、私たちが今こうして生きていること、存在しているということは、生かされているということであり、それには何かを、また誰かを犠牲にしているかもしれないこと、もっとはっきり言えば、生きているいるということは植物にせよ動物にせよ、その生命をいただいて生きているということであり、誰も何も犠牲にしていないとか、誰にも何にも迷惑などかけたことがないなどということはあり得ない。自分が生きているということ自体何かを犠牲にしているし、誰かに迷惑がかかっているものだ。そういう意味の「罪ある存在」であるということ。どんな科学的・生物学的理由をつけても、そのもとのもとを辿っていけば辿りつかざるを得ない、根源的な「原罪」に遡らなければならない「罪ある存在」という意味でハイデガーは eigensten Schuldigensein いう言葉を使ったのではないかと思う。彼の生い立ちや思想的背景を考えても「罪ある存在」の方がいいということはお分かりいただけると思う。ただ宗教的な色彩をなくそうとするには「負い目のある存在」ということになるだろう。しかし、「負い目のある存在」ではあまりにも軽いイメージがつきまとうということもわかってほしい。

ともあれ、自分のもっとも固有な、みずからがそのつどすでに存在していたがままの存在、自分の意志とは関係なくこの世に投げ出された存在、しかも「罪ある存在」というあり方を、ハイデガーは「既在」と呼んでいる。この存在のあり方を引き受けること、被投性を引き受けることが可能となるのは、「将来的な現存在がじぶんのもっとも固有な『みずからがそのつどすでに存在していたがままで』、すなわち自分の「既在」として存在しうることによってだけである。…中略…現存在は本来的に既在して存在している。もっとも極端で、固有な可能性へと先駆することは、本来的な既在へと理解しながら回帰的に到来することである。現存在が本来的に既在して存在していることができるのは、現存在が到来的であるかぎりにおいてのことなのだ。既在であることは、ある種の様式で将来から発現するものなのである」（前掲『存在と時間』筆者一部改）と彼は主張し、「先駆することにあって現存在はみずからを、もっとも固有な存在可能へと先んじて反復する。この本来的に既在的であることを、私たちは反復することと名づけよう」（同書）と付け加えている。つまり、ハイデガーは、本来的な時間性としての既在を反復と呼び、反復とは過去に経験したことを将来に向かって企投ないしは先駆のために活用する様態と考えている。過去の出来事は既に起きてしまっていて、もはや存在しない事柄ではなく、将来へ向かって自分の可能性を実現するための不可欠な契機なのである。

オルテガは、前掲『大衆の反逆』の中で、過去の重要性と反復についてわかりやすくつぎのように説明している。「過去にはそれなりの正当性がある。われわれがその正当性を認めないと、過去はそれを要求しに戻ってくるだろう。しかもそのついでに、本来持っていなかった正当性をも強引に主張するだろう。…中略…しかし、正当でなかった部分については、それを認めることを拒否すべきである」と。

大げさになるが、シェリングの言葉を借りれば、「永遠なる過去は、平板なロマン主義的な郷愁ではなく、世界および歴史の根底として、現在がその上に安らう基盤であり、克服されても根絶されることなく、一切の偉大さの本当の規定となる原理」（森哲郎「シェリングにおける〈宗教と哲学〉」京都産業大学世界問題研究所紀要）となる。

以上の説明をもっとわかりやすくまとめれば次のようになる。既在とは自分がこれまでどういう存在であったのかについての自己了解を示しており、自分が何であったかを引き受けることによって、これから何をすべきかが浮かび上がってくる契機となるものである。

ところが、私たちは普段それほど自分の過去を十分に反省し、自己を深く理解しているとは言えないかもしれない。目先のことばかりを考え、その場しのぎ的に生活しているかもしれない。そうした非本来的な時間性としての既在は忘却という形をとる。「忘却とはもっとも固有な既在をまえにして、じぶん自身を閉鎖しながらそこから脱却することである」（前掲『存在と時間』注釈）。つまり、じぶん自身が現にすでにそうであったこと（もっとも固有な既在）をまえにしていながら、むしろその固有な自己自身を鎖してしまい、そこから遁れさろうとすること（脱却すること）」である。もっとわかりやすく言えば、忘却とは、過去に経験したことが、忘れ去られてしまい、現存在にとっては何の意味ももたなくなり、そうした過去はもはや存在しなくなってしまったと考えられる様態である。

また、ハイデガーは、「自己忘却とは、固有の事実的存在可能をまえにして、そこから混乱して脱却することである。そのような混乱した脱却として、脅かされた世界内存在は手もとにあるものを配慮的に気遣うことになる」と述べ、「みずから恐れる配慮的な気遣いは――じぶんを忘却し、それゆえにいかなる特定の可能性もつかみとっていないがゆえに――、もっとも身近な可能性から可能性へと飛び移っていける、あらゆる『可能な』可能性が提供され、不可能な可能性まで提供される」（同書、筆者一部改）と付け加えている。言い換えると、配慮的気遣いは、被投性からにじみ出る根源的な不安（この不安については解説済）により、自分を忘却し、特定の可能性を摑み取っていないがために、手あたり次第にもっとも身近な可能性に飛びついてしまうということである。もっとわかりやすく言えば、根源的な不安や日常生活における様々な恐れから逃れるために、自分の過去を十分に反省することなく、その場でできることは何でもやってみる、時にはできそうにないことまでやろうということになってしまうということである。

アドラーとガダマー

心理学者・精神科医アルフレッド・アドラーはその著書『人生の意味の心理学』（岸見一郎訳、アルテ）の中で、人は誰もが同じ世界に生きているのではなく、自分が意味づけした世界に生きており、同じ経験をしても意味づけ次第でその人の世界は全く違ったものになり、その中での行動も違ってくると述べている。こうした考え方は、ハイデガーが繰り返し言明していること、すなわち、現存在と世界とが根源を等しくしており、現存在がそれぞれの世界―内―存在として世界の内に投げ出されているということに似ている。そしてまたこのハイデガーの考えにはライプニッツの影響が見て取れる。ライプニッツは、人間の数だけ世界があると言い、それらの夥しい数の世界は、神の調和のようなもので結びついていると言った。ハイデガーも現存在の数だけ、それぞれに固有の世界があると思ったのではないかと考えられる。

話を戻そう。アドラーは要するに、過去、ハイデガー的に言えば既在をどう捉えるかによって将来も現在も変わってくると言いたかったのであろう。アドラーによればこうである。私たちは過去の経験にどのような意味づけをするかによって自分の生を決定している。過去は変えられなくても、未来は変えることができる。過去においてどんなに不幸な経験をしていても、その経験をポジティブに意味づけることによって、どう生きていくべきか決めていくことができる。その著書には「いかなる経験も、それ自体では成功の原因でも失敗の原因でもない。…中略…経験に与える意味によって、自らを決定するのである。そこで、特定の経験を将来の人生のための基礎と考える時、おそらく、何らかの過ちをしているのである。意味は状況によって決定されるのではない。われわれが状況に与える意味によって、自らを決定するのである」と書いてある。ハイデガーの既在についての考え方も突き詰めれば同じであろう。ただ、ハイデガーは哲学と宗教の触れ合う地平で語っているのに対して、アドラーの方は現実に即してわかりやすく実践的で、現実の話としてどう生きていくべきなのかという方向性を具体的に示してくれていると言える。

また、哲学者ハンス・ゲオルグ゠ガダマーは、ハイデガーの『存在と時間』の議論を基にして著書『真理と方法』(轡田收他訳、叢書ウニベルシタス、法政大学出版局)で、人間は徹底的に歴史的な存在であり、どれだけ客観性や科学性を装っても、過去の解釈がいかに重要かということを語っている。彼は、〈過去は現在にまで自らを伝え、現在に影響を与え、現在を絶えず変容させ、未来へと向けて動かしている。過去を受け継いで、現在の地平で理解することが、真の解釈であり、理解である。理解を現在の視点から考えるのは思い上がりである〉とまで言っている。ハイデガーは将来から時間化すると言い、将来の優位性を説いたが、ガダマーはハイデガーの『存在と時間』に大きな影響を受けながらも、過去を最も重要な起点としている。

セネカも過去の重要性を、古典を読むことの大切さという視点から次のように述べている。「過去の日々は、どの日でも、命じれば眼前に到来し、思うがままに、覗き見ることも、とどめることも可能である」、そして「われわれに閉ざされ、禁じられた世紀はなく、われわれはどの世紀にも入って行くことが許されており、精神の偉大さを支えに、人間的な脆弱さから来る狭隘な限界を脱却したいと思えば、（その知の世界を）逍遥する時間はたっぷりとある。…中略…自然がこうしてすべての時代の遺産を共有することをわれわれに許してくれているのであってみれば、今という短くして移ろう時の流れから離れて、過去という悠久にして永遠であり、より善き人々と共有する時へと全霊を傾けて身を委ねずにして何としよう」（『生の短さについて　他二篇』大西英文訳、岩波文庫）と訴えている。この訴えはまさに、徒然草一三段の「ひとり灯のもとに文をひろげて、見ぬ世の人を友とするぞ、こよのう慰むわざなる」という一節を思い起こさせる。

過去の賢者と対話することで、現在を深く理解し、未来を照らし、未来に向かって歩んでいけるということである。

現在

ハイデガーは本来的な時間性としての現在のことをドイツ語でAugenblick「瞬間、時機」と呼んでいる。彼はAugenblickを将来と既在が統合される様態を表そうと使っているので、ここでは特別な意味を込めて「瞬視」と訳しておくことにする。ハイデガーはこう述べている。「決意性の先駆にはなんらかの現在がぞくしており、この現在にそくして決意が状況を開示する。決意性にあって現在は、もっとも身近に配慮的に気遣われるものへの気晴らしから連れもどされているのである。それればかりではない。将来と既在的なありかたのうちに保持されている。現在が本来的な時間性のうちで保持され、かくてまた本来的な現在である場合、それを瞬視と呼ぶことにしよう」（前掲『存在と時間』）と。続けてハイデガーは、「瞬視の現象は『いま』からは説明できない。『いま』とは、そのなかで或るものが発生し消滅し、あるいは目のまえに存在するものなのである。『瞬視のうちで』はなにものも現前することがありえない。むしろ本来的な対向的現在として瞬視は、手もとにあり目のまえにあるものとして『なんらかの時間のなかで』存在しうるものをはじめて出会わせるのだ」（同書）と主張している。

言い換えると、私たちは、通常、通俗的な時間の概念で、時間は無限なものとして考えている。その無限の時間の中で、いま現に生きている瞬間は、現在として捉えられ、現に存在するもの、目の前にあるものだけにとらわれているという状態である。目先の雑事に追われ、その場の状況に没入しているということである。しかし、瞬視の場合は、そこから脱して本来的な状態に戻るために、過去を十分に反省し、将来に向かって自己を企投し、企投することで本来の自己と出会い、本来の自己と向き合うことで、本来の生き方に目覚め、現在の自分に再び戻ってくるという契機である。将来を起点として、既在と現在とが統合されなければできないことである。

ハイデガーは『シェリング講義』（木田元・迫田健一訳、新書館）の中でこう述べている。「個々の人間が自由であるのは、人間がみずから始原において自分の本質の必然性へと決断してしまっているばあいだけだということになります。この決断は、時間系列のうちのいつかある時点でくだされるといったものではなく、決断は時間性への決断としてくだされるのです。したがって、時間性が真に現成するところで、つまり、既在と将来とが現在においてぶつかり合い、人間にそのまったき本質がこの人間の本質としてひらめく瞬間に、人間は自分が、自分をこの自分へ規定した当事者として、自分がそれである者でいつもすでにありつづけてきたのでなければならない、ということを経験するのです」と。それに対して、「本来的な現在である瞬視から区別して、非本来的な現在を私たちは現在化すること と名づけよう」とハイデガーは言う。この現在化は、「非本来的で、瞬視を欠いた非決意的な現在化にほかならない。現在化がはじめて明瞭となるのは、配慮的に気遣われた『世界』へと頽落することを時間的に解釈することによってであろう」（前掲『存在と時間』）と続けている。つまり、現在化とは、世界が目の前の存在者として、私たちの前に現前し、私たちがそればかりに気を取られている様態であり、その受動的な姿勢にとどまり続けることである。

現存在の現在化を通した頽落を最もよく現しているものとしてハイデガーは、「好奇心」に言及している。好奇心と言えば探究へとつながるプラスのイメージが強いのではないだろうか。しかし、既に好奇心とおしゃべりのところで見たように、ハイデガーは全く逆の捉え方をする。ハイデガーは、「好奇心は、保持することのない現在化をつうじて構成される。その現在化はたんに現在化しながら、そのことで不断に、予期することから逃走しようとする」「現在化のはたらきは、事柄に専念するものではない。見ることを手にするや、いち早く次のものへと目移りしている。この現在化は、一定の摑み取られた可能性の予期から不断に発現し跳び出してしまう」（同書、筆者一部改）と述べている。つまり、目先の雑事に追われ、好奇心だけで行動し、何年も先のことより、今日のことや明日の予定の方が心配であり、他人とおしゃべりをしたり、他愛もない議論を繰り返し、毎日その場しのぎの生活をしていると言っているのである。

繰り返しになるが、ハイデガーの場合あくまでも、瞬視は先駆的な決意性により、本来的な将来にもとづいて時間化するものである。それに対して、オルテガはアリストテレス的な時間の考え方（解説済み）に沿って、前掲『大衆の反逆』の中でこう述べている。「私は、あらゆる生は、したがって歴史的生は、純粋な瞬間からなるものであり、その一つ一つの瞬間は、それに先行する瞬間からそれほど決定づけられていないので、現実が各瞬間ごとに動揺し、一か所で足踏みし、さまざまな可能性のなかからどれに決めるべきかに迷うのだと信じている」と。つまり、「人間は一瞬一瞬に生きている」などとよく言われるように、その瞬間その瞬間に、意識的であれ無意識的であれ、様々な可能性が与えられていて、その中からその場でその都度何らかの可能性を選びとっていかなければならない、分岐点ともいうべきものを、オルテガは歴史上の瞬間と呼んでいる。

脱自態

これまで見てきた将来、現在、既在という差別は、全体としての時間性がこれらに見かけ上分かれているということであり、時間は固定的な時点として将来、現在、既在から構成されているのではない。全体としての時間がこれらに脱自的に分節されるということを意味している。脱自はどういうことかと言えば、例えば、熱心にある絵を見ているとき、意識がその絵に集中し、意識が自分の身体から離れてその絵にあるように思える状態とか、仕事をしているのに、お昼にラーメンでも食べようかと思っているとき、意識が自分の身体のところにはなく、すでにそのラーメン屋に飛んで行っている状態とか、映画を見ていて意識がすっかりその映画の中にのめり込み、自分の身体のことを忘れているような状態ということになるだろう。

ハイデガーはこう述べている。「時間性そのものも、将来、既在的なあり方、および現在から『時間とともに』はじめて合成されるわけではない。時間性はそもそも存在者で『ある』のではない。時間性は存在するのではない。時間化するのだ」（前掲『存在と時間』）と。そして「『将来、既在的なあり方および現在』が示すのは、『じぶんへと向かって（Auf-sich-zu）』『のほうへと回帰して（Zurück auf）』『を出会わせる（Begegnenlassen von）』という現象的な性格である。（〜へと向かって）（〜のほうへと）（〜のもとで）という現象があらわにするのは、『脱自としての時間性』にほかならない。時間性とは『根源的なじぶんの外にあること』それ自体そのもの das ursprüngliche Außer sich an und für sich selbst である」（同書）。つまり、ハイデガーは、将来、現在、既在という三つの時間の契機は、固定的「時点」としてあるのではなく、常に自分から抜け出して将来から過去へ、過去から現在へと、一連の動性の内にのみ存立しているという意味で脱自と呼んでいるのである。

ハイデガーの言う「脱自」は、シェリングの「脱自」からヒントを得ている。シェリングは、『哲学的経験論の叙述』（岩崎武雄訳『世界の名著続9』、中央公論社）で「真の学問的哲学は、決して抽象的なものではなく、道徳的感情や心情や厳密な悟性や精神などの要求をも満足させる生きた理性の体系である」と主張していたが、その後のエアランゲン講義の中では、真に哲学しようとする者がどうあるべきかを「脱自（Ekstase）」という言葉を使って説明している。ハイデガーの『シェリング講義』（木田元・迫田健一訳、新書館）の「シェリングの著作と解釈の課題」のところの要旨はこうである。「真に哲学しようとする者は、一切の要求、羨望、傾倒、拘りから脱却して、何ものも意欲してはならない。何ものも知ってはならない。一切を得るために一切を捨て去らねばならない。そしてその一切を捨て去るにも、自己（主体）が残る限り、脱自にはなっておらず、その自己自身を捨ててこそが脱自であり、それはまた、時間の真只中にあって時間の内になく、人間存在の根源的次元、すなわち人間の深淵的自由に由来するものである」。

このシェリングの説明もシェリング特有のものかと言えばそうでもない。シェリングはこの脱自の考え方をエックハルトに学んでいる。『エックハルト説教集』（田島照久編訳、岩波文庫）の〈三つの内なる貧しさについて〉の説教の訳注には次のようにある。「純粋な離脱とは、何も意志せず、何も知らず、何も持たず、さらにこのような無所求、無知、無所有であることの自覚からも自由であったように、自己の外に立てられたどんな獲得対象ももたず、さらに『わたしは離脱した心の状態にある』という離脱の自覚からも離脱したあり方を語るものである。一切の被造物および自己自身から離れることが離脱と名づけられ、離脱とはこの意味で、『この世界と自己とに死すること』である。それはまさに、活動的で豊かな生活の中に生きて、しかもそれらの豊かさにとらわれず、不動にして神とひとつとなり、さらにはその神とひとつであるという自覚からも離脱した、真に自由で主体的な人間のあり方である」と。

このようにエックハルトからシェリングへと受け継がれた「脱自」のあり方を、ハイデガーは、すでに記したように、「将来、既在的なあり方および現在は、時間性の脱自的なあり方」と考え、脱自的統一こそ現存在が実存する条件であると主張した。そしてその脱自的統一とは、将来から過去へ、過去から現在へと一連の動性の中にあってしかもそれらが同時的で瞬時的に一つに収束して現れる様態だと考えたのである。具体的に言えば、本来的実存であれば、その脱自は、自分がいつかは死ぬという事実を自覚し、死に到るまでの自分の将来を見渡し、自分の過去を忘却するのではなく深く内省し、既在・現在・将来を統一し、自己を了解しつつ固有な可能性をめがけて「いま、ここ」に存在するということが瞬時的に行われている様態である。あるいは非本来的であれば、その逆に、自分の過去を十分に反省せず、将来を見据えるわけでもなく、目先の雑事に追われ、その場その場の状況に没入するということが瞬時的に行われている様態である。あるいはまた、本来的な様態でもなく、かと言って非本来的な様態でもない、その中間にあると思われる、様々な様態のうちのどれかになっている。いずれにしても、将来、既在、現在が統合して一つになり現存在が〈現〉となって現れてくる様態である。セネカもこう述べている。「賢者は回想によってその過去を把握する。時が今としよう。賢者はその今を活用する。ときが未だ来たらずとしよう。賢者はその未来を予期する。賢者はあらゆる時を一つに融合することによって、みずからの生の悠久のものとするのである」（前掲『生の短さについて』）と。

この本来的実存について、ハイデガーは、当然のことながら、空間の視点からも言及している。「実存することで現存在は、そのつどすでになんらかの活動空間を場として許容してしまっている。現存在はそのつど自分に固有なあり方を規定しており、その結果現存在は、場として許容された空間の方から、自らの「居場所」へと立ち返るのである」（前掲『存在と時間』）と言っている。つまり、現存在は、そのつどそれぞれの日常生活の空間にあっても、「物体的事物には本質からして不可能であるほかない様式で、つまり、精神的であるゆえに、特種な仕方で空間的に存在しうる」ということである。これはすなわち、脱自的統一様態を空間的に表現しなおしたものであろう。

時間性の脱自的あり方をテーマとした映画

時間性の脱自的あり方は、数々の小説や映画のテーマになっている。例えば、新海誠監督のアニメ映画『君の名は。』がそうである。既に取り上げた佐治晴夫の『14才のための時間論』をモデルにしたのではないだろうか。この映画は、過去からの声（メッセージ）により将来が過去を変えるという物語。ある主人公立花瀧《たちばなたき》と、もう一人の主人公宮水三葉《みやみずみつは》の祖母である一葉《ひとは》が語る、時間についての一節「ひもは時間の流れそのもの、捻れたり、絡まったり、戻ったり、繋がったり、それが結び、それが時間」は、まさにハイデガーの言う時間性である。将来、既在、現在が、結びとなって一つになるときもあれば、結びとならず、縺れて絡まったり、捻れたり、捩れたりすることもあり、そうした可能性の中で一つの確かな結びとなれば、ある一つのことが達成される。そんな物語である。思いが強いかどうかによって、本来的あり方にも非本来的あり方にもなる。また、その二つのあり方の間にも、ハイデガーの脱自的統一の様々なあり方があると考えさせられる。

また、細田守監督のアニメ映画『未来のミライ』は、未来からと過去からのメッセージで現在の自分が変わっていくという物語。甘えん坊の「くんちゃん」は、妹の「未来」が生まれたことで、母親の愛情を奪われるのではないかという嫉妬を抱く。我儘になり、言うことも聞かなくなる。そこへ、妹の未来ちゃんが未来の姿で頻繁に現れたり、くんちゃんが将来の姿で出てきてくんちゃんを諭したり、若いころの母親や父親、祖父や祖母、曾祖父や曾祖母が登場したりして、将来から現在へ、現在から過去へ、過去から現在へ、現在から将来へ、将来から過去へと、その光景が瞬時に統合し、反復した形で現れる。

この物語のエンディングの方で、妹の未来が未来の姿で、くんちゃんに次のように言って諭すシーンは心に残る。「もしひいじいじがあのとき必死に泳がなかったら、もしひいばあばがあのときわざとゆっくり走らなかったら、私たちまで繋がっていなかった。こんなふうな、こんなささいなことがいくつも積み重なって今の私たちを形づくっているんだ」。未来から見て、未来と現在と過去が重なって一つになって、今の私があるということだ。

さらにまた、橋本光二郎監督の映画『orange-オレンジ』は、未来からの手紙が運命を変えるという物語。ある日、主人公高宮葉穂のもとに、十年後の自分が書いた手紙が次々と届く。その手紙には様々な後悔が書かれており、その後悔を繰り返さないように、そして一人の転校生を救うために、運命を変えようと努力する物語である。将来からのメッセージが過去を変え、現在を、そして将来をも変えていく物語である。

脱自とは異なるが、時空を超えてトラベルする物語も数多く、人間が時間性をどれだけ意識しているかがわかる。筒井康隆原作の『時をかける少女』はテレポーテーションとタイムリープで、未来から現在、現在から過去へ、過去から現在・未来へと時空移動する物語である。また、ロバート・ゼメキス監督の『バック・トゥ・ザ・フューチャー』三部作は、アメ車デロリアンを改造したタイムマシーンで、過去・現在・未来を行き来して、過去を変えたり、現在を変えたり、未来を変えたりする映画である。そうやってタイムマシーンで過去・現在・未来を変えながらも、最後のシーンでは、自分の未来は自分で思ったように変えていけるものだというメッセージを送っているところは心惹かれる。

以上挙げた例は、時間性の中の未来、現在、過去を扱った映画や物語のほんの数例にすぎない。詳細に調べれば枚挙にいとまがないだろう。ということは、人間は、自分がどこから来てどこへ向かおうとしているのか、どのように自分の時間を意識しているのかということ、そして、その時間をどのように使って生きていくかを常に考えている存在であるということである。

日常生活の中でも、私たちは常日頃「今度」という言葉を頻繁に使っているが、この「今」という言葉が入っている「今度」には「過去」「現在」「未来」の使い方がある。たとえば、「今度横浜に転勤しました」(過去)、「今度の仕事は気乗りがしない」(現在)、「今度の休みに海へ行く」(未来)という表現などがそうであろう。また、常日頃、私たちは woulda-coulda-shoulda (たられば)と後悔したり、未来の自分を思い描いたり、今の自分を考え、自分を変えていきたいと思ったりして生きているのである。

おわりに

「人生とは……」と言わせてもらえば、勿論喜びも楽しみもあるが、苦しみも悲しみもついて回るというものだ。楽しいときなどは自分を忘れたかのように楽しむが、悲しいときや辛いときは、どうすればいいのか自分の感情を抑えきれなくなり、生まれてきた自分を恨めしく思ったりもする。

SF作家小松左京ではないが、「宇宙を物理現象として扱うんじゃなくて、何かもうちょっと大きくて高度な目的があると考えれば、宇宙は神学の対象になるだろう。地球は生命が発生して進化したけれど、あのとき余計なことをしてくれたおかげで、いま僕たちが非常に悩んだり苦しんだりする。逆に僕たちが存在していることが、宇宙にとっては迷惑かもしれない。だから宇宙がなぜできたかというのは、やっぱり神学が解かなきゃいけないことなんだ」(小松左京『小松左京自伝』日経新聞出版社)と言いたいところだ。

神学者ルターですら「世界は神の健忘によってのみ成立した。つまり、もしも神が『重砲』のあることを考えたとすれば、神は世界を創造しなかったであろう」と述べているくらいである。このルターの言葉は、ニーチェの前掲『反時代的考察』の中から引用したものだが、その注釈には「出典はわからぬが、ヤスパースも『原子爆弾の脅威を前にした良心』という論文でルターのこの言葉を引用している」とある。

閑話休題、兎に角、とことん落ち込んでどうしたらいいのかわからなくなり、何もやる気は起こらず、引きこもるか、まわりに当たり散らすか、しっかり自分を見つめ直すか、人それぞれである。今の自分と、これまでの自分の意味づけで、つまり自分をどう思っているかで、その時の対応の仕方も変わってくる。考え方や理解の仕方は人によって実にさまざまだからである。

日常生活では、たまに逸脱することはあっても、暗黙の了解のもと、一般常識的な考え方に合わせて振る舞っている。その考え方が平均的な考え方だからである。それは、その時代の、あるいはその社会の状況や事情によって決められた考え方である。確かに、平均的な考え方という共通的な基盤を築かなければ社会は成りたたない。しかし、大切なのは、その時の状況や事情に応じて、お互いが理解し合おうという気持ちをもって、辛抱強く話し合うということが最も肝心である。アウレリウスの言うように、「人間は協力し合うために存在する」というのが本当の人間のあり方である。それは常に意識してやれることではないが、必ずや思い起こすべきことである。

なかなかできることではないが、何とかそれに向かって行こうとする意志が大切だ。途中でくじけても、またそれに向きあえばいいことだ。

ハイデガーは、人間存在の本当のあり方とはどういうものかを追究している。彼によれば、私たちは本来あるべきあり方から逸れ、本来的ではないあり方に沈んでいる。幸福にしてくれるものは世の中が認めるものにあると思い込み、それに目を奪われ、その一つ一つを満たすことで満足している。それが得られないと不幸だと思い悩む。ちょっと先の、あるいはもっと先の目的をもつにしても、社会の基準に合わせたものばかりである。目先のことに気を取られ、何かうまくいかないと自分の人生を恨んだりもする。そういうときに、自分とはなんだろうとか、どうして自分ばかりなのかとか、自分はどうしてうまれてきたのだろうか、どこへ向かえばいいのだろうかなどと考えることになるかもしれない。悩んで悩んで、悩みながらも、その日その日を精一杯生きていこうと強く意識する人もいるだろう。そういう意識がもてるなら、それが一番いいことだろう。しかし、そういう意識がなくても、それでも何とか一日一日生きていくうちに、自分が何か心から嬉しく思えることがあるかもしれない。そういう日を繰り返していくうちに、ひょっとしたら、自分は自分なりに生きていこうという気持ちになるかもしれない。

映画第39作『男はつらいよ　寅次郎物語』の中で、甥の満男に「おじさん、人間は何のために生きてんのかな？」と聞かれたときの寅さんのセリフがこうだ。「何というかな、〝あぁ、生まれてきて良かったな〟って思うことが何べんかあるじゃない。そのために生きてんじゃねえか？　そのうちお前にも、そういう時が来るよ。まあ、がんばれ」と。そんな気持ちになっていればいい。

それは本来的なあり方かどうかはわからないけれども、そういう気持ちになって生きていくことの大切さを感じるようになっていればいいのである。

ハイデガーは本来の自分探しの旅に出かける前の心情を描写し、本当の自分とは何かと問いかけ、そこへ向かう行程とその結果どうなるのかを諭してくれている。ハイデガーの『存在と時間』は翻訳でもその内容は難しいが、何度も読み返すことで、ニーチェが『ツァラトストラかく語りき』で励ましてくれたように、ハイデガーも同じように、私たちを鼓舞し、向上していくことの大切さを訴えていることは間違いない。

最後に、本書の出版にあたり、鳥影社編集室の北澤晋一郎さん、小野英一さん、校正の前田年昭さんからご指導いただきました。鳥影社のスタッフの皆さまに心よりお礼を申し上げます。

そして、解説を担当していただいた町田健先生、推薦文を書いていただいた阿部公彦先生、西村義樹先生、篠原俊吾先生、福田耕治先生、ジェームス・ドーシー先生、いつも心あたたまる励ましの言葉をかけていただいた芦川進一先生に感謝申し上げます。ご支援・ご協力いただいた皆様、誠に有難うございました。

二〇二一年八月吉日

村瀬　亨

解　説

町田　健

本書は、ハイデガーの『存在と時間』が論じる内容を詳細に解説しながら、死を積極的前提としたよりよい生を実現することを明快かつ説得的に主張するものである。本文中では、ギリシア・ローマ、西洋中世の哲学と神学、ドイツを代表とする観念論哲学、実存主義哲学など、ヨーロッパ思想の中核部分だけなく、中国や日本の思想についても、関連する箇所で必要に応じて縦横に論じられており、東西の思想が主張してきた存在論、時間論、死生観を広く概観することもできる。ハイデガーの難解な思想を解き明かすものなので、記述はそれに応じて高度な理解力を要求するが、思想の本質部分の解説の後には、必ず著者自身による具体的な説明が付け加えられており、哲学に関する素養のない読者にも理解しやすい構成となっている。随所に現代日本で生じている身近な話題も盛り込まれており、これらが論述の正確な理解に近づくための効果的な道筋を与えている。

ハイデガーにとって「存在」とは現存在つまり現実世界において生存し思索する人間のことであり、私の専門とする言語学では「話し手」「書き手」「発話者」「発信者」などと呼ばれる。話し手がいなければ言語が発せられることはないので、言語学において話し手の存在やその中身が、言語の本質を明らかにするために詳細に論じられることはない。ただし、前世紀の歴史言語学や構造言語学が措定していたような、言語使用者としての人間の意志とは無関係に、あたかも独立した有機体として言語が存在するなどということはない。言語が表示する事態が成立する時は、発話の時点を基準として決定されるし、事態が成立する可能性の程度は、発話者の主観的判断に依存する。世界において生起する事態を、発話者が音声または文字を媒介として表出することが言語の本質的機能である以上、発話者という存在が言語の機構に決定的に関与することは必然である。

論理学では「$P \to Q$（PならばQ）」という複合命題が真である時、命題Pが命題Qを「含意する」と言われる。Pの真偽に関わらずQが真であればこの複合命題は真となり、この真理条件は、命題論理学の枠組みでは絶対である。言語学においてもある事態が別の事態を含意すると言われるが、この含意は論理学的な含意とは異なる。例えば、「太郎はリンゴは買った」という日本語の文は、太郎がリンゴを買ったという事態に加えて、太郎がリンゴ以外のものを買わなかったという事態を含意するが、この含意が必ず成立している必要はなく、成立した可能性が示唆されるだけである。含意が示唆する事態が現実に成立したのか、もし成立したのであれば、具体的にはどのような事態が成立したのかは、この文の発話者が過去に経験した事態の総体を知らなければ、正確に推論することはできない。

「現代の人類は平和を希求する」という文が表示する事態中の「現代」は時を指示する表現であるが、無限に広がる時間中のどの時であるのかは、この文がどの時に発話されたのかを知らなければ特定することはできない。また同じ文中の「平和」は名詞であるが、「太郎」や「リンゴ」のように人間が具体的に知覚することのできる個物を指示するのではない。「世界の国々が友好的な関係にある」「国々が互いに戦闘を行なっていない」など、多数の事態の総体を指示するのが「平和」である。しかも、どのような事態が平和である事態の集合に属するのかは、言語（この場合は日本語）が厳密に規定しているということはなく、この文の発話者の信念や知識に依存している。

真偽の明確な文、すなわち命題を対象とするのが哲学的論理学であるが、言語が表示する事態は、世界における成立が確実である必要はない。「私は財布を落としたかもしれない」「車が故障しているようだ」「花子はきっと来る」のような事態は、過去、現在、未来のいずれかの時における成立が確実ではなく、成立が可能であるに過ぎない。そして、事態のこのような成立可能性に関する判断は発話者によってなされるものであり、文を理解する側の人間（聞き手、受信者）は、「かもしれない」「ようだ」「きっと」のような形態によって事態の成立可能性の程度を知る。「今外では雨が降っているか」のような疑問文については、これが表示する事態の真偽はそもそも問題にならない。「今外で雨が降っている」という文が表示する事態の真偽を発話者が知らず、真と偽のいずれであるかを特定することを、発信者が受信者に要求しているという事態が表示される。

このように、言語の理解においては、言語表現を作成する主体としての発話者という存在の、表示される事態に対する判断という特性を常に考慮しなければならない。ただし、ハイデガーが追究したような現存在については、そのあり方に付与される価値への絶対者的観点からの判定に重きが置かれるが、言語に関しては、実存としての発信者が、言語を使用する時点において持っている信念や知識、さらには推論の能力などが関与的である点が、両者の主要な相違を形成する。

人間が表現し伝達しようとする世界には、その人間が生存している現実世界だけではなく、人間が思考や記憶によって現前させることのできる無数の非現実世界も含まれる。したがってこれらの世界（可能世界）には無限の対象が存在することになる。本書で論じられている存在は主として現存在であり、これは人間であるが、言語が対象とする存在は人間を含む遥かに広い範囲のものである。「人間」「猫」「本」「山」などの名詞は、任意の可能世界に属し、具体的に知覚して認識することが可能な個体を表示する。「幽霊」「一角獣」「龍」「鵺」などの名詞は、現実世界には属さず、現実世界以外の単数または複数の可能世界に属する個体を表示する。「運動」「上昇」「舞踏」「治療」などの名詞は、「個体が運動する（上昇する）」「人間が踊る」「人間が別の人間を治療する」などの変化を内包する事態を表示し、変化を内包しない個体を表示するのではない。「善」「平和」「正義」などの名詞も個体ではなく事態を表示するが、どのような事態が表示されるのかは必ずしも明確ではなく、発信者または受信者によって異なることもありうる。すなわち、同様に事態を表示する名詞であっても、「運動」「上昇」などが表示する事態には等質性があるのに対し、「善」や「平和」などが表示する事態には等質性がない。

個体であれ事態であれ、それは存在するのであり、人間の思想を表現する最も重要な媒体としての言語は存在するものの性質や状態、あるいは存在するものの間に成立する関係を表示するのであるから、事物の存在のあり方を類別し、その特性と関係を解明することは、存在論にとって不可欠の課題となる。ただし、思考する主体としての人間と、それ以外の個体や事態は、人間が言語の発信者となることができるのに対して、それ以外の事物が言語を産出できないという点で根本的に異なる。「猫」であれ「龍」であれ「運動」であれ「平和」であれ、それが存在する可能世界においては等質的な事物を表示し、存在する時点によって性質が異なることはない。「人間」も、生物の一種としての個体という観点から捉えれば、任意の可能世界における任意の時点において、その特性は一定である。しかし、理性と感情を備えて思考する主体としての人間は、それが世界に存在する限り、任意の時点においてその様態は全て異なる。この点で人間はやはり特別な存在なのであり、人間の思考の本質を詳細にそして永遠に分析し解明しようとする哲学において、存在としての人間が枢要な位置を占めることは蓋し当然である。

本書では、ハイデガーによる時間の厳密な定義は与えられていないが、それは、現存在のよりよいあり方を誘導する要因として、未来において生起する死を正しく意識することの重要性が論じられているからであり、時間それ自体の本質を解明することがハイデガーの目的ではなかったからである。時間は、変化を内包しない存在を考察の対象とする場合には、世界を構成する要素とはならない。疑い得ないものとして規定された公理系を前提として論理的に導出される定理を証明するという手段を基本とする数学は、対象の変化を介在させる余地を必要としないので、時間が必須の要因として組み込まれることはないし、時間を定義する必要もない。一方で、物体の運動を考察の主要な対象とするのが物理学であり、運動には本質的に物体の位置の変化が内在しているから、物理学において時間は必須の次元として空間とともにその理論の中に組み入れられている。人間が事態を認識したり、それを言語によって表現しようとしたりする場合、事態には通常は、それを構成する事物やその性質に変化が伴うものであるから、事態が属する世界には時間という要素が含まれていなければならない。

同一の事態の変化が時間を生ぜしめる原因であるとすると、事態Pの異なった二つの変異体をP_iとP_jのように表記すれば、時間はこれらの変異体によって定義される関数$T=f(P_i, P_j)$として理解される。P_iとP_jは同一の事態であって、したがって同一の次元に配置され、それ以外の次元を必要としないから、時間は一次元的な対象であり、時間量を直線上におけるTの異なった値の差異として定義する従来の方法を採用することに問題はない。ただし、時間量を決めるにしろ、事態の時間的値を定義するにしろ、無限の長さを持つ直線上に原点を与えなければならない。この原点として選択されるのが、現存在が言語による伝達を遂行する点、すなわち発話時点である。言語を使用する存在として人間を定義するのだとすれば、発話時点を現在だと見なすのが合理的である。もっとも、現在をこのように定義すると、発話がなされていない場合には現在が不確定になる。したがって、人間が何らかの対象を知覚し認識している時点を現在だと定義すれば、言語の使用を前提としなくても現在の定義が可能となる。対象が認識されたということは、それが「水」や「花」などの言語形態に対応させられたということであるから、この操作が脳内に止まらず、形態と結合した音声として表出されれば、それが発話時点となる。

　現在は現実世界内の時間の原点である。時間は一次元的対象であって直線（時間軸）で表示することができるので、原点としての現在を起点として、それぞれ逆の方向に原点を含まない二本の直線L_1、L_2が存在する。現存在によって成立が知られている事態が配置される直線がL_1だとすると、このL_1が「過去」、現存在によって成立が知られておらず、予期されるだけの事態が配置される直線はL_2であり、このL_2が「未来」だということになる。人間がある場所に存在しているとすると、その人間に見える空間を「前」、見えない空間を「後ろ」と言う。言い換えれば、前に存在する事物はその存在が人間に知られており、後ろに存在する事物の存在は知られていない。このことから、時間軸上の過去は現在よりも前に生起する事態が配置される直線であり、時間軸上の未来は、現在よりも後ろ、すなわち後に生起する事態が配置される直線だと、空間的な比喩を用いて表現されることになる。

　現存在が一定の年月にわたって世界を構成する要素として存在するのだとすれば、現存在が定義する現在は、時間軸上を未来に向かって移動していく。すなわち、ある時点における未来が次々に現在へと変化していくということである。そして、現存在が生命体である以上必ず死ぬのであるから、現在へと変化する未来には、その時点で現存在が死ぬという可能性が常に内包されている。人間にとっての現在に、必然的な要素としての死を内在させる未来が決定的に関与しているというハイデガーの主張は、このような時間の本質によっても肯定的に受け止めることができる。

〈著者紹介〉

村瀬 亨（むらせ とおる）

河合塾講師、河合文化教育研究所研究員。早大・東大大学院で国際政治を修め、ハワイ大学大学院へ留学したのち、岐阜教育大学&付属高校（現・岐阜聖徳学園大学）、神奈川大学などの講師を経て、河合塾専任講師となる。

主な著者として『Top Grade 難関大突破 英語長文問題精選』（学習研究社）、共著に『英語長文読解読み方から解法まで［発展編］』（河合出版）、『ENGLISH BOOSTER 大学入試英語スタートブック』（学研プラス）、訳書にウィリアム W・カウフマン著『1980年代の防衛』（カヨウ出版）など多数。

インターネット配信「学びエイド」で入試問題解説や各大学教授との対談を配信中。

光と影　ハイデガーが
君の生と死を照らす！

定価（本体1500円＋税）

2021年8月24日初版第1刷印刷
2021年8月30日初版第1刷発行
著　者　村瀬亨
発行者　百瀬精一
発行所　鳥影社 (choeisha.com)
〒160-0023 東京都新宿区西新宿3-5-12トーカン新宿7F
電話 03-5948-6470, FAX 0120-586-771
〒392-0012 長野県諏訪市四賀229-1（本社・編集室）
電話 0266-53-2903, FAX 0266-58-6771
印刷・製本　モリモト印刷

ISBN978-4-86265-916-3　C0010